하나님이 짝지어 주신 사람

Whom God Has Joined

by Isobel Kuhn

하나님이 짝지어 주신 사람

이소벨 쿤 지음 | 이선희 옮김

좋은씨앗 omf

하나님이 짝지어 주신 사람

초판 1쇄 인쇄 | 2014년 9월 1일
초판 1쇄 발행 | 2014년 9월 12일

지은이 | 이소벨 쿤
옮긴이 | 이선희
펴낸이 | 신은철
펴낸곳 | 좋은씨앗
출판등록 제4-385호(1999. 12. 21)
주소 | (137-886) 서울시 서초구 효령로 77길 20, 212호
편집부 | 전화 (02)2057-3043
영업부 | 전화 (02)2057-3041 팩스 (02)2057-3042
홈페이지 | www.gsbooks.org
ISBN 978-89-5874-230-2 03230

Whom God Has Joined
by Isobel Kuhn

Copyright © 2004 by OMF International
Originally Published in English under the title:
Whom God Has Joined
Published by OMF International
10 West Dry Creek Circle, Littleton CO 80120, U.S.A.
All rights reserved.

This Korean edition © 2014 by GoodSeed Publishing company

이 책의 한국어판 저작권은 〈좋은씨앗〉에 있습니다. 신저작권법에 의하여 한국 내에서 보호를 받는 저작물이므로 무단 전재와 복제를 금합니다.

"그런즉 너희는 먼저 그의 나라와 그의 의를 구하라
그리하면 이 모든 것을 너희에게 더하시리라."
- 마태복음 6:33 -

차례

추천의 글	8
기대	11
우리의 결혼식이 아닌 모두의 결혼식	19
하나님을 첫자리에!	29
두부 맛에 길들여지는 법	39
과연 내 눈에도?	49
소금으로 맛을 낸 것 같은 말	63
존이 아빠가 되다	73
빗방울 개수 세기	85
내키지 않은 임무	93
용평에서의 새로운 시작	99

잃어버린 우비	111
힘겨운 날	117
동화나라에서 보낸 순간	125
헤어지지 못하는 이별	139
안에 그거 들어 있는 거 어디 있지?	147
휴가 때 생긴 일	153
선의의 일로 전도하기	159
존의 고향	165
난감한 문제	175
에필로그	185

추천의 글

누구나 겪을 수 있는 청년시절의 영적 회의와 긴 방황의 과정을 거쳤던 이소벨이 영적 확신과 일평생 흔들 깃발을 발견하고, 리수족을 향한 선교의 발걸음을 힘차게 내디뎠던 이야기가 담긴 『길 위에서 하나님과 마주치다』를 읽고 우리는 모두 크게 공감했습니다. 그 책에 이어 금번에 이소벨의 결혼과 선교사역에 관한 이야기가 『하나님이 짝지어 주신 사람』이라는 제목으로 출간되었습니다. 이 책에는 이소벨이 남편 존 쿤과 함께 리수족 사역을 하면서 경험한 흥미로운 이야기들과 부부 선교사로서의 삶이 진솔하게 그려져 있습니다.

저는 아내와 결혼하기 전에 사귀면서 이런 이야기를 나눈 적이 있습니다. "우리가 지금까지 각자 하나님께 영광을 돌려 왔다면, 결혼한 후에는 1 더하기 1은 2가 아니라 3이 될 정도의 영광을 하나님께 돌리기로 합시다." 부부는 이 세상에서 가장 강력한 팀입니다. 사탄은 이 강력한 팀을 무너뜨리려고 호시탐탐 기회를 노리며 다방면으로 공격합니다. 하지만 부부가 주님 안에서 서로 사랑하고 존중하며 격려한다면, 이 싸움에서 이길 수 있습니다. 그뿐 아니라 다른 사람들에게 선한 영향력을 끼치고 엄청난 사역을 하게 됩니다. 이 책을 읽는 모든 분들마다 이소벨과 존 부부처럼 삶과 사역과 선교에서 강력하고 아름다우며 선한 열매를 풍성하게 맺기 바랍니다.

김승호 선교사
한국OMF 대표

> # *기대

우리는 시카고에 있는 무디성서학원(Moody Bible Institute)의 식당에서 처음 만났다. 1924년이었고, 우리는 둘 다 학교에서 사역훈련을 받는 학생이었다. 그는 학교 주방에서 식기세척기를 돌리고 있었다. 우리가 서로의 존재를 처음 알게 된 그 중요한 순간, 나는 다른 봉사자들과 함께 식탁으로 나를 음식이 나오기를 기다리며 서 있었다. 본격적인 서빙 시작을 알리는 종이 울리기 직전이었다.

갓 입학한 신입생이었던 나는 사역훈련을 얼른 마치고 싶었다. 중국과 미얀마 접경 지역에 거주하는 리수족(Lisu tribe)에게 복음을 전하는 소명을 받았기 때문이다. 나는 종이 울리기를 기다리면서, 그 산악지대에서 펼칠 사역을 마음속에 그려보았다. '2년만 지나면 그곳에 갈 수 있어!' 하지만 이렇게 마음먹어 봐도, 까마득하게 느껴졌다.

식기세척기를 맡고 있던 그 남자 역시 종이 울리기를 기다리며 백일몽을 꾸고 있었다. 한쪽 발을 의자에 올려놓고, 손으로 턱을 받친 채 멍하니 허공을 응시하고 있었다. 그러다 무심결에 서빙 봉사자들이 있는 쪽을 쳐다보았다. 어쩌다 그 남자 쪽으로 몸을 돌린 나는 호수처럼 깊고 푸른 그의 두 눈에 순식간에 빠져들고 말았다. 더욱 깊이 빠져들다가 결국 그 남자와 나의 영혼이 마주했고, 우리는 둘 다 화들짝 놀라고 말았다. 마치 약속이라도 한 듯 재빨리 반대쪽으로 몸을 돌리고는 괜히 다른 일에 집중하려 했다. 하지만 일은 이미 벌어지고 말았다.

사실, 나는 그 남자의 이름조차 몰랐다. 그렇게 서로의 존재를 확인하고 3개월이 지나서야 우리는 정식으로 인사를 나눌 수 있었다. 그 전에는 그릇을 식기세척기에 넣기 위해 매일 그 남자 곁을 지나갔지만, 서로 쳐다보거나 말을 건넨 적은 없었다. 하지만 이제는 깊고 푸른 그의 두 눈이 나를 보고 있다는 것을 분명히 알게 되었다. 그는 내 이름은 물론이고 나에 대한 모든 것을 알고 있는 듯했다. 내 추측은 정확했다.

나는 그 남자에 대해 천천히 알아 갔다. 그는 나보다 1년 먼저 입학한 선배였고, 어떻게 하면 나에 대해 알 수 있는지 그 방법을 훤히 꿰고 있었다. 반면, 내가 알아낸 것은 이름이 전부였다. 존 쿤(John Kuhn). 물론 이름이 중요한 것은 아니지만 말이다. 어쨌든 우리의 눈이 처음 마주친 순간부터 그 남자는 내 머릿속에 크게 자리하게 되었고 점차 부각되기 시작했다.

그로부터 얼마 뒤 알게 된 사실인데, 우리는 둘 다 중국 선교를 자원했다. 게다가 중국내지선교회(China Inland Mission)에 관심을 두고 있었다. 어느 날 저녁, 클락 로(路)에서 아이작 페이지(Isaac Page) 박사를 위한 깜짝파티가 열렸는데, 그때 우리는 정식으로 통성명을 하게 되었다. 그 이후로 우리는 학교 식당에서 만나면 편안하게 이야기를 주고받는 사이로 발전했다. 그러다 드디어 첫 데이트 신청을 받았다! 큰 물통에 담긴 온수를 작은 주전자에 따르다가 말이다.

중국내지선교회에서는 지원자들끼리 연애를 할 경우, 선교사로 입회 허가를 받고서 약혼할 것을 권면하고 있다. 한 사람이라도 질병이나 기타 사유로 입회가 거부된다면, 두 사람 다 입회할 수 없기 때문이다. 중국내지선교회 대표이자 아버지의 절친한 친구인 페이지 박사는 행여나 그런 일이 생길까 봐, 이제 막 사랑이 싹트기 시작한 우리에게 단단히 주의를 주었다. 우리는 페이지 박사의 조언을 따르기로 했다. 존은 학교를 마치고 1926년 가을에 중국으로 떠나는 배에 몸을 실었다. 하지만 우리가 앞날에 대한 어떤 합의나 약속을 한 것은 아니었다.

나는 그 다음 학기를 마치고 1926년 12월 1일에 졸업했다. 그리고 토론토 중국내지선교회에서 선교사 후보생 훈련을 받았다. 1927년 중국에서는 공산당을 탄압하기 위한 서방국가들의 공격과 중국 국민당의 쿠데타 등 정치적 혼란이 끊이지 않았다. 사정이 여의치 않아서 중국내지선교회는 근 2년 동안 선교사들을 파송할 수 없었다. 그러다 보니 존이 나보다 2년 먼저 중국에서 선교활동을 하게 되었다.

내가 중국내지선교회로부터 입회 허가를 받은 후부터 존은 편지에 한 가지 뜻만 열심히 피력했다. 하지만 나는 여전히 확신이 서지 않았다. 하나님께서 내 마음속에 윈난성의 리수족을 향한 소명을 끊임없이 심어 주셨다. 그러나 존은 북서부 간쑤성에서 사역하고자 했다. 문제는 이 두 지역이 반대 방향이라는 점이었다.

나는 존의 여동생 캐스린 쿤 해리슨(Kathryn Kuhn Harrison)에게 편지를 썼다. 파송 받을 때까지 존이 결혼 이야기를 꺼내지 않도록 부탁하고 싶었기 때문이다. 그런데 내 편지와 엇갈려서 도착한 존의 편지에는 하나님께서 행하신 기적과도 같은 소식이 담겨 있었다. 그는 우리의 예상보다 일찍 선교지로 파송 받았다. 그것도 윈난성의 리수족이 거주하는 곳으로 말이다. 내가 그토록 갈망하던 바로 그곳이었다! 이제 나는 존의 아내가 되어 그곳에 가는 것일까? 그는 내가 청혼을 수락한다면 "밝음", 아니면 "어둠"이라고 써서 전보를 쳐 달라고 부탁했다.

내가 진심으로 원하는 바를 굳이 고민할 필요가 없었다. 그와 함께하는 것이 당연했으니까! 하지만 나는 그 편지를 주님 앞에 펼쳐

놓고 여쭤 보았다. 우리에게는 아직 해결되지 않은 문제가 하나 있었다. 나와 존은 성격이 완전히 달랐다. 둘 다 상당히 기가 센 편이었다. 못 말리는 성향의 사람이 요지부동의 고집불통과 충돌하면 어떤 결과가 초래될지는 과학적으로도 입증된 바가 없었다. 우리 두 사람이 결혼을 하면 도대체 어떤 일이 벌어질까? 나는 주님께 기도했다. "주님, 우리 두 사람이 곧 결혼을 해야 합니다. 하나님을 향한 믿음이 있다면, 우리가 성격 차이를 극복할 수 있을까요?"

주님께서 마태복음 6장 33절 말씀으로 응답해 주셨다. "그런즉 너희는 먼저 그의 나라와 그의 의를 구하라 그리하면 이 모든 것을 너희에게 더하시리라." 나는 "밝음!"이라고 전보를 쳤다. 그리고 편지를 쓰면서 우리 결혼생활의 좌우명을 제안했다. "하나님을 첫자리에!"

내가 중국내지선교회 상하이 선교본부로 전보를 보냈기 때문에 거기서 약간 떨어진 곳에서 지내던 존은 연락을 받고 전보를 받으러 와야 했다. 그는 "밝음"이라는 두 글자를 보고 기뻐서 어쩔 줄 몰라 하며 집으로 가는 전차에 몸을 실었다. 하지만 꿈속을 걷듯 걸어가 안내원을 그냥 지나쳐 버렸다. 하나님의 일에 비하면 아주 사소한 세상일인 '전차 요금 내는 것'을 까맣게 잊어버린 것이다. 그 자리에 뿌리라도 내린 듯 꼼짝 않고 서 있던 안내원이 투덜대며 존의 뒤를 졸졸 따라갔다. 같이 탔던 승객들의 웃음소리를 듣고 나서야 존이 상황을 파악했다고 한다.

우리는 윈난성 성도인 쿤밍에서 결혼식을 올리기로 했다. 그 당시 나는 쿤밍에서 중국어를 배우는 중이었고, 존은 청치앙(Chengchiang)이라는 작은 마을에 있었다. 원래 결혼식 날짜를 1929년 11월 14일로 잡았는데, 급작스레 11월 4일로 변경해야 했다. 미국 영사가 갑자기 출장이 잡히는 바람에 우리는 부득이하게 날짜를 앞당길 수밖에 없었다.

나는 서둘러 존에게 사람을 보냈다. 예정보다 일찍 시간을 낼 수 있는지 물어봐야 했기 때문이다. 존은 가장 확실한 방법으로 대답했다. 그 소식을 듣고 곧장 내게로 왔던 것이다! 우리는 입에 모터라도 단 듯 정신없이 결혼식 준비를 상의했다. 그러다 결혼반지에 대한 이야기가 나오는 순간 정적이 흘렀다. 새신랑은 겨우 이렇게 말문을 열었다. "세상에, 결혼반지를 놓고 왔네! 상자에 넣어 둔 채로 청치앙에 두고 왔어!" 쿤밍은 상당히 큰 도시라서 다른 반지를 얼마든지 구할 수 있었다. 게다가 우리는 반지를 놓고 온 일을 불길한 징조로 생각하는 사람들도 아니었다. 그 일을 대수롭지 않게 여겼다.

그러나 하나님께서는 이런 작은 실수에도 관여해 주셨다. 존의 가정부이자 동료인 중국 청년 추인창(Chu Yin-Chang)이 이튿날 우리 앞에 나타난 것이다. 결혼반지와 함께 말이다! 존이 쿤밍으로 출발한 후 그 남자가 존의 책상 서랍을 뒤지다 작은 상자를 발견한 것이었다. 그는 상자 안에 무엇이 들어 있는지 알았던 터라, 그것을 들고 곧장 달려왔다. 존은 이 센스 만점의 가정부에게 칭찬을 아끼지 않았다. 두고두고 입이 마르도록 칭찬했다. 그런데 그는 왜 주인의 책상 서랍을 뒤지고 있었던 것일까? 하지만 우리는 그 남자를 추궁하지 않았다. 세상은 온통 장밋빛으로 물들어 있었고, 모든 사람은 우리에게 기쁨을 전하는 전령이었으니까.

우리는 그날 밤 도시 성문 밖으로 나갔다. 드넓은 논들 사이로 뻗어 있는 인적이 드문 길을 거닐었다. 나는 밝게 미소를 지으며 말했다. "존, 생각해 봐요. 다음 주 이맘때면 우리가 결혼식을 올려요!"

"그, 그러게 말이오!" 내 사랑하는 연인이 이처럼 떨떠름하게 대답할 줄이야! 그 우울한 목소리에 깜짝 놀라 나는 그를 쳐다보았다. 그가 말을 이었다. "그래, 우리가 결혼을 하겠지. 그리고 그 다음에는 앞으로 기대할 게 아무것도 없을 거요."

기대! 그것이 얼마나 달콤한지 아는 사람이었기에 그런 기대감이 차츰차츰 사라지는 게 안타까웠던 것이다.

* 우리의 결혼식이 아닌 모두의 결혼식

중국내지선교회는 쿤밍에서 두 채의 건물을 사용하고 있었다. 하나는 게스트 하우스 및 비즈니스 센터로 윈난성에서 사역하는 중국내지선교회 소속 선교사라면 누구나 사용할 수 있었다. 그리고 다른 하나는 선교사 부부가 거주하는 주택이었다. 이 부부는 지역 교회 업무와 함께 쿤밍 주변의 시골 마을에 있는 선교지부들을 관리했다. 존은 B 부인이 관리하는 게스트 하우스에 머물렀고, 나는 A 부인이 관리하는 주택에서 지냈다.

A 부인은 금욕적인 성향의 사람이었다. 그래서 선교사라면 현지 주민들과 더불어 지내야 하며, 가급적이면 자신에게 엄격해야 한다고 생각했다. 반면 B 부인은 집을 감각적으로 꾸미는 데 은사가 있는 사람이었다. 그래서 집을 가꾸는 데 어느 정도 돈을 쓰는 것을 나쁘게

생각하지 않았다. 중국내지선교회에서 파송한 많은 선교사들이 문명과는 동떨어진 산간벽지에서 리수족과 함께 고되게 생활했다. 그래서 B 부인은 선교사들이 병원 치료를 받으러 시내로 오면, 그들에게 안락한 공간과 근사한 음식을 제공해야 한다고 생각했다. 극과 극을 달리는 이 두 부인의 성향이 늘 합일점을 찾기란 어려웠다.

나는 결혼식을 굉장히 거룩하게 생각한다. 그래서 너무 많은 하객을 초대하고 싶지 않았다. 원래 나는 많은 사람들과 떠들썩하게 한자리에 모이는 것을 즐기지 않는 사람이다. 하지만 존은 나와 달랐다. 그는 주변에 사람이 많을수록 더 즐거워했다. 아무리 그런 남자라도, 자기 결혼식에서는 보통 쑥스러워하게 마련이다. 존도 우리가 주님 앞에서 결혼 서약을 하는 모습을 친밀한 사람들에게만 보이고 싶어 했다.

중국내지선교회에서 사역하는 사람들은 하나같이 고향을 멀리 떠나왔다. 게스트 하우스를 관리하는 B 부인이 관례적으로 신부 어머니처럼 결혼식 준비를 도맡아서 했다. 나는 하객을 조금만 부르고 싶은 속마음을 B 부인에게 솔직히 털어놓았다.

지금도 마찬가지겠지만, 극동 아시아 국가에 거주하는 서양인 공동체에서 다 같이 축하하고 즐길 만한 기회는 흔치 않았다. 그래서 누군가가 결혼식을 올리면, 당사자뿐 아니라 온 공동체가 자기 일인 양 기뻐하고 즐겼다. 하객을 조금만 부르고 싶은 우리의 마음을 알게 된

B 부인의 얼굴에 이상한 기류가 감돌았다. 그다지 불쾌한 티를 내지 않았지만 감정을 꾹꾹 눌러 참는 듯 보였다. 나는 B 부인이 왜 그러는지 알지 못했다.

어느 날 쇼핑을 하고 있는데, 누군가가 나를 불러 세웠다. 나와 다른 사역을 하고 있는 부인이었다. 어머니같이 자애로운 그 부인이 내 손을 꼭 잡으면서 말했다. "결혼한다는 소식 들었어요! 결혼식은 그저 보는 것만으로도 참 좋아요. 그래서 말인데, 결혼식에 참석해도 될까요? 축하하고 싶어요. 뒤쪽에 조용히 앉아 있을게요. 참, 식사는 안 해도 돼요. 사정을 다 아니까요." 그 부인은 마지막 말을 다급하게 덧붙였다. 나는 그 말에 깜짝 놀랐다. 분명, 그 부인은 우리가 돈 때문에 결혼식을 조촐하게 치른다고 생각했던 것이다.

그 부인의 말에 정색하며 "제 인생에서 가장 거룩한 순간을 잘 모르는 사람들과 나누고 싶지 않을 뿐이에요"라고 되받아칠 수 없는 노릇이었다. 이런 상황에서 마음씨 따뜻한 X 부인의 부탁을 거절할 수는 없었다. 나는 B 부인에게 하객이 한 명 더 늘었으니 맞춰서 준비해 달라고 부탁했다. 그러자 B 부인이 차가운 미소를 지었다. 하지만 별다른 말은 하지 않았다. 나는 다행이다 싶어서 더 없이 즐겁게 이야기를 나누었다.

그 다음 날, 거리에서 또 다른 부인을 만나게 되었다. 그 부인도 대뜸 결혼식에 초대해 달라고 부탁했다. 물론 이 부인도 뒷자리에 앉아 먼발치에서 축하하겠다고 했다. 식사는 하지 않겠다는 말 또한 잊지 않았다. 그 부인도 초대할 수밖에 없었다. 다른 뾰족한 대안이 없지 않은가!

이 이야기를 들은 B 부인이 걱정스러운 표정으로 말했다. "밀러(Miller) 양, X 부인과 Z 부인을 초대하면서 Y 부인은 빼놓는다는 게 말이 되나요? 내 머리로는 도저히 이해가 안 되는군요. Y 부인은 오랫동안 나와 함께 사역을 해온 친구예요. 그 부인이 결혼식을 맡았다면, 나를 초대하지 않는 일은 꿈도 못 꿀 거예요. 게다가 X 부인은 다른 분들에 비하면 이곳에 온 지 얼마 안되었어요. 만약 W 부인이 자신만 빼놓고 X, Y, Z 부인을 초대한 사실을 알게 되면 어떨까요? 정말 생각하고 싶지도 않네요. 도대체 무슨 기준으로 누구는 부르고 누구는 안 부르는지 궁금하군요. 어쨌든 이 결혼식으로 인해 상처 받는 사람이 없었으면 좋겠어요."

사실, 우리는 결혼식을 마치고 곧바로 파송 받은 선교지부로 이동할 예정이었다. 그래서 이곳 사람들과는 다시 만날 일이 별로 없었다. 하지만 B 부인은 이곳에서 계속 그들과 더불어 살아야 했다. 우리는 B 부인의 뜻을 헤아릴 수 있었다. 결국 우리는 쿤밍에 거주하는 모든 서양인들을 초대하게 되었다.

우리가 결혼식을 올리면서 겪은 문제는 비단 이것뿐만이 아니었다. 결혼식을 며칠 앞둔 어느 날이었다. 저녁식사를 하고 있는데, A 부인이 갑자기 찾아왔다. 그녀는 다소 피곤해 보였지만 자못 뿌듯한 얼굴을 하고 있었다. "오늘 하루 종일 펭(peng) 씨네 정원을 손질했어요. 예비 신랑신부가 신혼여행을 가서 지낼 방도 준비해 놓고 말이죠. 뭐 하러 호수 건너편까지 가서 쓸데없이 돈을 써요? 중국내지선교회가 그 정원을 임대해서 사용하고 있잖아요. 게다가 식사준비는 인창 씨 부부가 맡으면 될 거고. 신혼부부는 그저 중국인들 사이에 섞여 즐거운 시간을 보내고 오세요."

A 부인의 말은 제법 일리가 있어 보였다. 우리를 위해 수고를 마다하지 않은 A 부인의 친절에 나는 몸 둘 바를 몰랐다. 나는 곧바로 B 부인에게 가서 이 뜻밖의 친절에 대해 이야기했다. 하지만 B 부인은 전혀 예상치 못한 반응을 보였다.

"세상에, 그처럼 신경을 써 주다니! 그런데 신혼여행을 그리로 갈 수는 없지 않겠어요?" 그러더니 B 부인은 큰소리로 투덜거리기 시작했다. "내가 밀러 양을 위해 호수 건너편에 작은 허니문 별장을 예약해 놨어요. 한 주 빌리는데 그다지 비싸지 않더라구요. 그리고 식사는 배에 실어서 보낼까 했죠. 거기서 사찰 구경을 하고 중국 마을도 둘러보면서 두 사람이 오붓하게 지낼 수 있을 거예요. 그런데 터무니없이 펭 씨네 정원이라니요? 그리고 인창 씨가 식사준비를 한다는 것도 말이 안 돼요! 분명 펭 씨네 가족이 식사준비를 거들 텐데, 인창 씨 부부는 말할 것도 없고 펭 씨 일가까지 신혼부부의 일거수일투족을 지켜볼 거라고요. 신혼여행은 일생에 딱 한 번이에요. A 부인이 반나절 동안 정리했다는 이유로 신혼여행을 그곳으로 간다는 것은 말도 안 돼요!"

B 부인이 이 일로 얼마나 힘들어하는지가 보였다. 동시에, A 부인은 우리가 당연히 펭 씨네 정원으로 신혼여행을 간다고 생각했다. 그래서 사람들에게 그렇게 말하고 다녔다. 존과 나는 그 문제를 놓고 심각하게 상의했다.

"그냥 펭 씨네 정원으로 갑시다!" 존이 말했다. "A 부인이 애를 많이 썼고, 인창이가 우리 식사준비를 해줄 수 있는 것도 맞으니까!"

나는 생각에 잠긴 채로 대답했다. "그런데 B 부인은 우리가 어떤 일을 예상하고 결정을 내리기에 아직 미숙하다고 생각하는 것 같아요. 존, 언젠가 나한테 이런 말을 했었죠. 중국인들은 신혼부부라면 다른 사람들 앞에서 되도록 서로에게 무심히 행동해야 고매하고 순전하다고 생각한다고. 그런 부부들은 첫아이가 태어날 때까지 남들 앞에서는 서로 이야기하는 모습조차 안 보인다면서요. 기억나죠? 서로 이름도 절대 안 부르고 신부는 남편을 '바깥양반'으로, 신랑은 아내를 '집안사람'으로 부르잖아요. 우리가 중국인들 틈에서 살려면 중국식 사고방식을 따라야 해요. 그러니 적어도 일주일 정도는 우리 방식대로 살아보고 싶어요. 생각해 봐요. 펭 씨 일가와 인창 씨 부부가 얼마나 궁금하겠어요! 아마 우리에게서 눈을 못 뗄걸요?"

"그 말도 맞네. 그러면 호수 건너편으로 가는 게 낫겠소."

"B 부인이 권하는 대로 하는 게 좋을 것 같아요! 지금은 A 부인과 B 부인 모두 우리가 자신들의 조언을 따른다고 생각해서, 그나마 분위기가 괜찮은 것 같아요. 그걸 감안한다면, 우리가 신혼여행을 어디로 가느냐보다는 어떻게 두 부인 간의 갈등을 막느냐가 관건인 듯해요. 우리야 이곳을 떠나면 다시 올 일이 거의 없겠지만 두 부인은 계속 마주치며 살아야 하잖아요. 두 부인 사이에 좋지 않은 감정이 싹트는 것보다, 차라리 그들이 우리를 괘씸하게 여기는 편이 나을지도 모르겠어요. 꼭 신혼여행을 가야 해요? 우리 그냥 선교지로 곧장 가면 안 될까요?"

"아니, 그건 안 될 말이지. 밤 기차가 없으니 결혼식 날 밤에 이 근처에서 머물러야 하오. 설령 기차를 타고 간다 해도, 우리가 내리는 역에 시가지가 있는 것도 아니고. 그러니 우리 짐을 들거나 당신이 타고 갈 가마를 질 짐꾼들을 구할 수도 없을 거요. 게다가 우리가 도착하는 날짜에 맞춰 기차역에 마중 나올 짐꾼들을 이미 구해 놓은 상태이고. 아마 그렇게 하지 않으면 난감한 상황이 벌어질 거요."

"어쩌지, 뭐 좋은 방법이 없을까?" 우리는 고민하고 또 고민했다.

"두 부인이 이야기한 곳 말고 다른 좋은 데는 없을까요?" 나는 그렇게 말하고 나서 한참 후에 다시 물었다. "존, 여기서 다른 사람들이 결혼식 올리는 걸 여러 번 봤을 거 아니에요?"

"그렇소!" 존이 말했다. "선교사들은 대부분 B 부인이 말한 호수 건너편 작은 별장으로 신혼여행을 가지. 그런데 거기에 프랑스 호텔이 하나 있잖소. 사업가들이 가끔 이용하는 것 같던데. 아마도 숙박비가 비싸겠지?"

그 프랑스 호텔은 유럽인이 그야말로 유럽식으로 운영하는 곳이었다. 특히 쿤밍에 거주하는 프랑스인들의 취향에 맞는 호텔이었다. 소금세를 징수하는 가벨(Gabelle, 중세 프랑스에서 부과했던 염세. 프랑스 혁명 이후로 사라졌다가 나폴레옹 시대에 부활되어 1949년까지 실시됨—옮긴이) 담당관리나 다른 산업 고위간부를 비롯한 부유층 인사들이 주로 애용하는 곳이었다.

마침 그때 미국에서 판도를 바꿔 놓을 편지 한 통이 왔다. 존의 아버지가 보낸 편지에는 상당한 금액의 수표가 들어 있었다. 예비 시아버지가 결혼선물로 보낸 돈이었다.

"이소벨, 이것 좀 봐요!" 존이 활짝 웃으면서 아주 요긴하고 중요한 그 얇은 종이를 흔들어 보였다. "이 돈이면 그 프랑스 호텔에서 일주일간 충분히 묵을 수 있을 거요!"

"우리 시아버님은 정말 멋쟁이셔! A 부인은 말할 것도 없고 B 부인도 우리의 호사스런 신혼여행에 깜짝 놀라겠네. 하지만 우리가 선교지원금을 건드리는 것은 아니니까 괜찮다고 봐요. 당신 아버님이 돈의 사용처를 따로 일러주신 것도 아니잖아요. 그냥, 멋진 시아버님이 신혼여행 경비를 보태 주시는 걸로 허요!" 우리는 그 문제를 그렇게 마무리 지었다.

예상했던 대로, A 부인과 B 부인은 우리의 결정을 듣고 두 손 두 발 다 들었다는 듯 혀를 내둘렀다. 아무도 예상치 못한 결론이 나면서, 두 부인 사이에는 어떤 악감정도 생기지 않았다. 그래서 아무 탈 없이 두 부인은 절약하는 삶을 배워야 할 무모한 젊은 예비부부의 결혼식을 성심성의껏 준비해 주었다.

지금까지 그 어디를 가 봐도 내 결혼식만큼 근사한 결혼식은 보지 못했다. 훌륭한 두 부인이 현지 교회를 근사하게 장식해 줘서 가능했다. 마치 숲 속에서 가든파티를 여는 듯한 착각이 들 정도였다. 정말 행복한 결혼식이었다.

프랑스 호텔로 가려고 인력거에 오른 우리 부부는 배웅하러 나온 하객들을 향해 기쁘게 손을 흔들었다. 친애하는 두 부인이 그 무리에 섞여 있었다. 두 부인은 무심결에 나란히 서서 우리에게 손을 흔들었다. 하지만 절대 호락호락하지 않고 게다가 사치까지 부리는 이 부부를 보며 고개를 가로저었다!

… 하나님을 첫자리에!

신혼여행을 마친 우리는 앞으로 사역하게 될 청치앙 시내에 있는 선교지부로 출발했다. 존의 시중을 들던 인창 씨는 우리보다 조금 일찍 결혼을 해서 청치앙에 먼저 가 있었다.

우리를 태운 기차는 프랑스인들이 깔아 놓은 철로를 신나게 달렸다. 정오쯤 기차에서 내린 우리는 거기서부터 육로로 이동했다. 짐꾼들이 우리 짐과 내가 탈 가마를 나르기 위해 대기하고 있었다. 존은 걸어서 가기로 했다. 첩첩이 쌓인 산들은 비단을 두른 듯 매끄러웠고 높디높은 자태를 뽐내며 하늘과 맞닿아 있었다. 정말 멋진 산행이었다. 특히 작은 마을들이 계곡에 포근히 안겨 있는 모습이 장관이었다. 산길을 걸어가면서 중간중간 숨을 돌리며 그 모습을 감상하니 더할 나위 없이 좋았다.

며칠 동안 비가 내려서인지 길이 여간 미끄러운 게 아니었다. 가마꾼들은 아주 조심스럽게 한발 한발 내디뎠다. 그 만큼 시간은 지체될 수밖에 없었다. 이제 여정의 절반 넘게 왔을 뿐인데 벌써 해가 뉘엿뉘엿 넘어가고 있었다. 1시간 30분 정도 걸었는데, 그동안 가마꾼들이 발을 헛디딜 뻔하거나 넘어져서 뼈가 부러질 뻔한 적이 한두 번이 아니었다. 앞으로 30분을 더 가야 했지만, 가마꾼들이 나를 태운 채 가마를 지고 가는 것은 도저히 무리인 듯했다. 그래서 나는 가마에서 내려 걸어가기로 했다. 땅거미가 지고 있어서 길이 잘 보이지 않았다. 존과 중국인 짐꾼이 양옆에서 나를 부축했다. 우리는 그런 상태로 미끄러지기도 했고 장애물을 뛰어넘기도 했다. 그러다 마지막 산비탈을 내달린 끝에 겨우 평야에 도착할 수 있었다.

평야에 도착하자, 달이 환한 얼굴을 내밀었다. 부드러운 새하얀 달빛에 주변의 사물들이 그 모습을 드러냈다. 어둡고 그늘진 커다란 덩어리처럼 보이는 산들이 우리 양옆과 뒤쪽으로 솟아 있었다. 평야의 끝부분과 닿아 있는 호수의 은빛 수면이 저 멀리에서 어슴푸레 빛났다. 넋을 잃고 그 아름다운 경치를 바라보던 나는 별이 총총히 빛나는 밤하늘을 올려다보며, 이 세상을 창조하신 하나님께 감사하는 기도를 드렸다.

하지만 그 평야는 우리의 최종 목적지가 아니었다. 우리가 가로질러 가야 하는 대상에 불과했다. 그때 저 앞쪽에서 누군가 외치는 소리가 들렸고, 랜턴 불빛이 우리 쪽으로 점점 다가왔다. 제때 오지 않는 신혼부부가 걱정되어 청치앙에 사는 그리스도인이 찾아 나선 것이었다.

"이소벨, 조금만 기운을 냅시다." 사랑하는 존이 기진맥진한 내게 말했다. "인창이가 중국식 잔칫상을 근사하게 차려 놓고 우리를 기다리고 있대. 내가 보통 쿤밍을 다녀올 때는 날이 저물기 전 집에 도착했소. 그래서 몇 시간 전부터 우리를 기다리고 있었나 보오."

우리는 계속 터벅터벅 걸었다. 드디어 어마어마한 진흙 담장과 거대한 두 개의 문이 그 모습을 드러냈다. "이소벨, 청치앙 성문이오. 원래 5시면 문을 닫는데, 양 씨가 관리들에게 우리가 오는 중이라고 말했나 봐요. 문지기들에게 우리가 도착하면 성문을 열어 주라고 한 것 같군. 이제 여기서 조금만 더 가면 우리 집이오!"

나는 너무 힘들었다. 말하는 것조차 버거웠다. 길거리에 깔린 거친 자갈에 걸려 휘청거리며 걷다 보니 어느 집의 문 앞에 다다랐다.

"이소벨, 우리 집에 온 걸 환영하오!" 존이 흥분한 목소리로 외쳤다. 그러면서 허리를 숙여 나를 안아 들고는, 문지방을 넘어 위층으로 이어진 계단을 올랐다. "여기가 바로 우리 집이오. 좀 둘러보겠소?"

"오늘 밤은 힘들 것 같아요. 얼른 자고 싶어요." 내가 할 수 있는 말은 이게 전부였다. 몇 시간 동안 아무것도 먹지 못하고 걸어서 쓰러지기 직전이었다.

하나님을 첫자리에!

"이소벨, 저녁식사하러 내려가지 않겠소? 인창이가 근사한 밥상을 차려 놨어요!"

그러나 내 체력은 이미 바닥나고 말았다. 말하는 것조차 너무 버거워서 그저 고개를 저었다.

방에 침대가 놓여 있었는데, 버팀목에 나무판을 대고 그 위에 간신히 매트리스를 올려놓은 수준에 불과했다. 하지만 침대에 몸을 쭉 뻗고 쉬는 것만으로도 아주 호사스럽게 느껴졌다.

"뭐 먹을 만한 게 있지 않을까?" 남편이 걱정스레 물었다.

그 순간 머릿속에 오직 하나만 떠올랐다. "뜨거운 스프."

"아, 그래! 깡통 스프가 하나 남아 있는 것 같아. 잠깐 기다려 봐요." 남편이 어디론가 가더니, 조금 뒤에 김이 모락모락 나는 토마토 스프 한 그릇을 들고 왔다. 너무 맛있었다. 신혼집에서의 첫 식사는 꿀맛이었다.

이튿날 아침, 기운을 완전히 회복한 나는 존의 안내를 받으며 집을 구석구석 살펴보았다.

"이미 말했듯이, 조촐해서 볼 게 그리 많지는 않소." 존이 걱정스레 말했다. 그의 말대로, 딱히 뭐가 많지는 않았다. 작은 예배당이 하나 있고, 그 위층에는 방 두 칸짜리 살림집이 있었다. 시장으로 이어진 좁은 길이 오른편으로 나 있었다. 위층 방에는 창문이 없었지만 앞쪽과 뒤쪽 벽이 접이식 문으로 되어 있어서 낮에는 뒤로 밀어젖힐 수 있었다. 그 접이식 문들을 밀어젖혀 열어 놓으면 빛이 환하게 들어왔지만 사생활이 전혀 보호되지 않았다. 행인들이 올려다보면 집 내부가 훤히 다 보일 정도였다. 사생활을 보호하려면 그 문을 닫아야 하는데, 그러면 꽉 막힌 나무 상자 같은 집에서 틈새로 살짝 들어오는 빛에만 의지하여 지내야 했다. 아직 전기가 들어오지 않으니 어쩔 수 없었다.

동양인들은 서양인들이 왜 그렇게 사생활 보호에 목숨을 거는지 잘 이해하지 못한다. 뭔가 부정하고 나쁜 일을 하는 게 아니라면, 왜 굳이 다른 사람에게 보이지 않으려고 애쓰는 것일까? 다른 사람이 봐서는 안 되는 일이란 과연 무엇일까?

위층 뒤쪽 베란다에는 주방이 있었는데, 맨 앞쪽에 아궁이가 있었다. 그리고 건물의 한쪽 끝에는 방 두 칸짜리 살림집이 붙어 있었다. 작고 어두운 그곳에서 인창 씨 부부가 지냈다. 이 건물의 소유주는 중국인 무슬림이었고, 그들은 건물 뒤채에 살고 있었다. 우리가 빨래를 하려면 함석통과 빨랫감을 들고 주인집을 거쳐 뒤뜰 우물가로 가야 했다. 빨래는 우리가 살던 위층 옆 베란다에 널었다. 그런데 집게로 빨래를 집지 않으면, 담장을 넘어 옆집 아래층으로 날아가기 일쑤였다. 나는 이웃들이 우리 손수건이나 수건을 사용하는 것을 여러 번 보았다. 그렇지 않았다면 우리 빨래가 바람에 실려 어디로 갔는지 몰랐을 것이다. 하지만 이웃들이 그 빨래가 자기들 것이라고 우겨도 딱히 법적으로 따지고 들지 못할 상황이었다.

나는 초라한 숙소에 실망하지 않았다. 중국내지선교회는 선교사들이 현지 주민들과 더불어 지내기를 바랐다. 그 사실을 이미 알고 있었던 터라, 마음의 준비가 되어 있었다. 주님의 뜻을 위해서라면 누추한 처소도 마다하지 않으리라! 하지만 왜 이런 곳을 멋지게 꾸미면 안 되는 거지? 납득할 만한 이유를 찾지 못했던 나는 결국 짐 속에 에나멜페인트와 밝게 날염한 천을 넣어 왔다.

중국내지선교회 총재 호스트(Hoste) 씨와 첫 면담을 할 때, 이에 대한 이야기를 나눈 적이 있었다. 나는 그가 왜 집을 꾸미지 말라고 하는지 이해할 수 없었다. 어쨌든 그는 이렇게 말했다. "밀러 양, 나한테 멋진 침대보가 있다면, 과감히 강물에 던져 버렸을 겁니다."

나는 깜짝 놀랐다. 투시력이 있나? 내 짐 속에는 예쁜 퀼트 이불이 들어 있었다. 친구가 결혼선물로 준 것이었다. 그나저나 호스트 씨는 그것을 어떻게 알았을까? 설령 알았다 해도, 왜 그것을 가져가지 말라는 것일까? 나는 예의상 "아, 그러시군요!" 하고 얼버무렸다. 하지만 마음속으로는 이렇게 대답했다. '글쎄요, 저는 퀼트 이불을 강물에 던질 생각이 없는데요?' 이 근사한 이불만 있으면, 아무리 초라한 오두막이라도 멋질 테니까.

창문 하나 없는 나무 상자 같은 집에서 지내는 것은 나름 유쾌한 도전이었다. 우리는 결혼식 하객들에게 받은 축의금으로 예쁜 등나무 가구를 몇 점 장만했다. 존이 미혼시절에 사용하던 등받이 없는 기다란 의자는 버렸다. 그 대신 작은 소파, 의자 두 개, 탁자, 등나무 깔개 등을 내추럴 톤으로 맞춰서 새로 들였다. 울퉁불퉁하고 뒤틀어진 마룻바닥이 등나무 깔개 덕분에 싹 가려졌다. 방 한구석에는 내가 쓰던 커다란 여행 가방을 놓아두었다. 거기 말고는 딱히 놓을 데가 없었다. 그 여행 가방 위에 초록색과 진홍색이 적절히 배합된 여행용 무릎 담요를 덮어 두니 그럴듯했다. 또 다른 구석에는 존이 책상 겸 식탁으로 사용하는 탁자를 놓아두었다. 그것만으로도 칙칙했던 방이 근사한 거실로 거듭나게 되었다.

침실을 파란색과 흰색으로 꾸미자 완전히 다른 곳이 되었다. 이렇게 우리는 중국 시골 사람들 속에서 살아가게 되었다.

청치앙에는 작은 교회가 하나 있었다. 존이 나를 그 교회로 데려가 소개시켜 주었다. 유창하게 중국어로 말하는 남편이 내심 자랑스러웠다. 둘 중 한 사람이라도 중국어로 의사소통을 할 수 있어서 다행이었다. 현지 주민들과 더불어 살아야 하기 때문에 더욱 그러했다. 처음에는 우리가 하나님의 복음을 전하려고 그들에게 먼저 다가갔지만, 차츰 그들도 마음을 열고 우리에게 다가와 주었다.

어느 날 오후였다. 존이 큰소리로 외치는 소리가 들렸다. "이소벨, 손님 왔어요!" 정신없이 재잘거리는 소리가 계단을 타고 올라왔다. 나는 얼른 아래층으로 뛰어내려 갔다. 시장에 장을 보러 온 시골 아낙

몇 명이 보였다. 나를 찾아온 첫 손님이었다. 나는 그들을 반갑게 맞으며, 갈색과 초록색으로 멋지게 꾸민 거실로 안내했다. 그들은 거실을 보자 탄성을 질렀다. 그 멋진 공간을 그들과 공유할 수 있어 정말 좋았다. 어쩌면 '공유해서 좋다'고 생각만 했던 것인지도 모른다. 어쨌든 우리는 자리에 앉았고, 나는 1년 4개월 동안 갈고닦은 중국어 실력을 동원해 복음을 전하기 시작했다. 그들이 내 말을 이해하는 모습을 보니 흐뭇하고 가슴이 벅차올랐다.

나름대로 좋은 시간을 보내고 있었다. 그런데 내 여행 가방 위에 앉아 있던 나이 지긋한 아낙이 손가락으로 코를 훙 하고 풀더니, 여행용 무릎 담요에 쓱쓱 닦는 게 아닌가! 정말 순식간에 벌어진 일이었다. 그 충격이 채 가시기도 전에, 한 새댁이 웃으면서 품에 안고 있던 남자아이를 등나무 깔개 위에 내려놓았다. 아이를 문 쪽으로 데려가더니 깔개 위에 조심스레 세웠다. 그와 동시에 아이에게서 물줄기 하나가 나와 깔개 한복판에 흘러내렸다. 산 지 얼마 안 된 신상품, 내게 너무 소중한 그 깔개 위로 말이다. 흙으로 된 바닥에서 생활하는 이곳 사람들은 내게 실례되는 행동을 하고 있다는 사실조차 깨닫지 못했다. 그들 관습에 따른 행동에 불과했으니까 말이다.

나는 겉으로는 아무런 티를 내지 않았고 공손히 행동했다. 그 아낙들이 돌아가려고 우리 집을 나설 때, 중국 전통 방식대로 문까지 따라가며 배웅했다. 조심히 가고 또 오라는 말도 잊지 않았다. 거실로 돌아온 나는 그 안타까운 현장을 한참 동안 물끄러미 바라보았다. 내 시선은 여행용 무릎 담요에 붙어 있는 이물질과 멋진 새 깔개를 가로지르며 생긴 변색된 흔적에 꽂혔다. 마음속에서 화가 치밀어 올랐고, 소중한 내 물건들을 원상태로 되돌리려는 눈물겨운 수고를 해야 했다.

그제야 호스트 씨가 했던 말을 헤아릴 수 있었다. "밀러 양, 나한테 멋진 침대보가 있다면, 과감히 강물에 던져 버렸을 겁니다." 호스트 씨가 예쁘고 멋진 물건을 싫어한다는 뜻이 아니었다. 다른 사람들을 성심성의껏 대하는 데 방해가 된다면, 그 소유물을 강물에 던져 버리는 편이 낫다는 말이었다. 다시 말해, 화려하고 소중한 물건이 하나님의 말씀을 증거하는 데 방해가 된다면, 그것을 없애 버리는 편이 마땅하다는 것이다. 주님께 영광이 되지 않는 일을 하고 있다면, 당장 그 일을 그만두어야 한다. 주님께서 말씀하신 것처럼 말이다. 그분은 우리가 무언가를 소유하는 것을 싫어하지 않으신다. 다만 우리가 죄된 일이나 주님께 영광이 되지 않는 일에 소유물을 사용하는 것을 반대하실 뿐이다.

결국 나는 선택의 기로에 서고 말았다. 우리 신혼집에서 가장 우선해야 할 것은 무엇일까? 단지 우리를 기쁘게 하기 위해 꾸며 놓은 멋진 거실이 우선일까? 아니면 현지 주민들과 공유하기에 적합한 공간일까?

갑자기 벽에 걸려 있는 가훈이 눈에 들어왔다. 우리가 결혼하면서 정했던 바로 그 좌우명이었다. "하나님을 첫자리에!" 나는 주님께 멋진 등나무 가구도 기꺼이 드리겠다고 결단했다. 시골 아낙들이 등나무 가구를 엉망으로 만들어도 기꺼이 감수한다는 마음가짐으로 말이다. 얼마 후 우리는 청치앙 서쪽에 위치한 다리(Tali)로 발령이 났다. 그 기회를 통해 우리는 주변을 새로 정리할 수 있었다. 그 깔개와 등나무 가구는 중국인 우체국장의 부인에게 팔았다. 그리고 새로 파송받은 곳에서 우리는 소박한 차 탁자와 의자로 응접실을 꾸몄다. 그 가구들은 모두 그 지역에서 자라는 나무로 만들어 옻칠을 한 것이었다. 관리하기도 쉽고 중국인들도 흔히 사용하는 것이었다.

*두부 맛에 길들여지는 법

결혼하고 나서 5개월 동안은 존이 집안일을 맡기로 했다. 물론 인창 씨가 거들어 주었다. 나름 어수선하게 신혼을 시작하게 된 데는 그만한 이유가 있었다.

중국내지선교회의 규칙에 따라, 선교사들은 결혼하기 전 2년간 현장 실습을 해야 했다. 그때나 지금이나 그 규칙에 대해서는 말이 많다. 그런데 우리가 현장 실습을 할 때쯤 중국내지선교회는 그 기간을 2년에서 1년으로 줄였다. 물론 나중에는 2년제가 더 낫다는 믿음만 다진 채 원상 복귀되었지만 말이다. 어쨌든 우리는 바뀐 규칙에 따라서 1년만 현장 실습을 했다.

물론, 중국에 온 지 3년차였던 존에게 그 기간은 별 의미가 없었다. 하지만 우리의 감독관 J. O. 프레이저(Fraser) 씨는 실망감을 감추지 못하며 이렇게 말했다. "상황이 아무리 그래도 저는 두 사람이 2년간 현장 실습을 함으로써 타의 모범이 되길 바랐습니다. 하지만 그렇게 하지 않으셨죠. 이제 밀러 양이 웬만해서는 중국어를 제대로 배우기 어려울 것 같습니다."

내가 중국어를 공부하면서 살림까지 한다면 한 해가 저물 때쯤 우리의 결혼생활이 엉망이 될 수도 있는 노릇이었다. 그래서 존은 내가 세 번째 중국어 시험을 마칠 때까지 기꺼이 집안일을 하겠노라 제안했다. 미혼시절에 하던 일을 이어 가는 것뿐이었다. 그리고 훌륭한 가정부인 인창 씨가 거들어 줄 것이므로 전혀 지장이 없을 거라고 생각했다. 프레이저 씨의 예상과는 달리, 나는 주어진 시간보다 훨씬 더 짧은 시간 내에 언어 시험을 통과할 수 있었다.

우리 부부가 현장 실습을 짧게 하고 서둘러 결혼한 것에는 나름의 이유가 있었다. 시골을 돌며 선교사역을 하면서 하나님을 증거하며 살아가고자 하는 소망 때문이었다. 그 당시 중국 시골에는 노상강도가 판쳤다. 쿤밍 곳곳에서 무서운 산적들이 출몰하자 외각 지역에서 사역하던 미혼 여성 선교사들은 모두 철수하라는 명령을 받았다. 남편과 같이 사는 기혼 여성만이 성문 밖에서 사역할 수 있었다. 그런 상황은 좀처럼 해결될 기미가 보이지 않았다. 성문 안에서 사역하는 선교사들의 수는 넘쳐나는데, 시골 지역에서 활동하는 선교사들은 소수에 불과했다. 주님께서 우리가 결혼을 해서 이런 궁핍한 지역으로 찾아가도록 계획하신다는 생각이 들었다. 그래서 결혼을 서둘렀던 것이다.

원난성에서 좋은 가정부를 구하기란 무척 어려운 일이었다. 우리가 중국어를 공부하던 어학원 원장 앨리스 맥팔레인(Alice Macfarlane) 부인은 이것을 위해 하나님께 간절히 기도하라고 권면할 정도였다. 하지만 나는 그녀에게 인창 씨 자랑을 늘어놓으며, 이곳의 새신부라면 누구나 겪을 가정부에 대한 걱정거리를 덜 수 있어 다행이라며 너스레를 떨었다. 부인이 딱히 어떤 대답을 하지는 않았지만 약간 묘한 표정을 지어 보이기는 했다. 사실 그 순간에는 왜 그런 표정을 짓는지 알 길이 없었다. 하지만 그 의아함이 풀리는 순간이 왔다.

그 시절 우리는 성령 충만했다. 존은 날마다 아침 일찍 회심자들에게 성경을 가르쳤다. 주님께서 우리에게 좋은 성도들을 인도해 주셨다. 한때 배우로 활동했던 양 씨가 존의 간증을 듣고 주님을 영접하게 되었다. 또한 도교 성직자였던 덩(Deng)과 한 노예 소녀를 비롯한 여러 사람이 주님의 자녀로 거듭나게 되었다. 아침마다 나는 중국어를 공부했다. 존 역시 때때로 선생님과 함께 중국어를 공부하곤 했다. 길거리에 임시 예배소를 마련하여 존은 설교를 했고, 나는 휴대용 오르간을 연주했다. 오후가 되면 종종 성문 밖으로 나가 드넓은 평야 주변 마을로 가서 전도를 했다. 수많은 영혼들이 예수 그리스도를 영접했다.

그러던 어느 날 존이 처음으로 선교여행을 제안했다.

우리가 결혼하기 몇 달 전, 존은 톰 멀홀랜드(Tom Mulholland)와 함께 청치앙에서 27킬로미터가량 떨어진 곡저평야(하천이나 빙하에 의해 골짜기 안에 평탄지가 만들어진 곳) 지대인 양충(Yangtsung)이라는 도시에 대해 듣게 되었다. 존은 결혼식을 올리기 위해 쿤밍에 오기 전, 톰과 함께 양충에 잠깐 들러 20여 개 마을의 농민들을 만났다. 그곳 사람들은 그때까지 백인을 본 적이 없었다고 한다. 적어도 우리가 알기로는 그랬다. 복음 또한 그들에게 생소한 것이었다. 존은 그 지역을 놓고 꾸준히 기도해 왔고, 결국 전도단을 꾸려서 일주일간 양충과 그 주변 평야에서 선교집회를 하자고 제안했다. 인창 씨 부부 외에도, 최근에 회심한 남자 성도가 간증을 하려고 동행했다. 아마도 배우였던 양 씨였을 것이다.

"이소벨, 나는 오래전부터 이 선교여행을 꿈꿔 왔소." 존이 말했다. "윈난성이 품고 있는 아름다운 산들을 돌며 당신과 뜻깊은 일을 하고 싶었거든!" 주님을 위한, 주님과 함께하는, 그리고 우리 부부가 함께하는 이 여행을 통해서 얻은 기쁨은 수년 동안 우리의 결혼생활에 자양분이 되었다.

양충 평야에 도착한 우리는 시내로 갔다. 그런 작은 도시에 좋은 숙박시설이 있을 리 없었다. 오래된 사원에 가 보았는데, 마침 그곳에서 위층에 있는 방을 빌릴 수 있었다. 우리 숙소 아래층에서는 인창 씨가 우리를 위해 식사준비를 할 수도 있었다. 나는 이곳 주민들이 처음 보는 백인 여성이었다. 사람들이 우리를 보려고 밤낮없이 몰려들었다. 먹을 때나 잘 때나 늘 우리 주변에 사람들이 모여들었다. 심지어 남자아이들은 우리 숙소를 들여다보려고 옆 건물 지붕으로 올라가기도 했다. 아침부터 밤까지 사람들이 지켜보는 바람에 고단해서 자리에 들려고 하면, 동네 아낙들은 내가 누워 있는 동안에 이야기 좀 해도 되냐고 물었다. 우리를 찾아온 사람들에게 내가 간단하게 설교를 하면, 존이나 양 씨가 구원의 길에 대해 들려주었다.

  우리는 낮에는 평야로 나가 그 주변 마을들을 다니며 설교했다. 그리고 밤에는 우리가 묵는 사원 근처에 있는 양충 시장에서 옥외집회를 열었다. 내가 하와이언 기타로 반주를 하면 나머지 일행이 중국어로 복음성가와 찬송가를 불렀다. 어느 날 저녁 옥외집회에서 열심히 반주에 몰두하던 나는 우리 일행을 보려고 고개를 들었다. 열정적이고 활기 넘치는 중국인들이 우리 주위에 원뿔 모양으로 모여 있었고, 맨 아래쪽에 우리 일행이 있었다. 내가 연주하는 기타를 보려고 중국인들은 의자, 창문틀, 지붕까지 가리지 않고 오를 수 있는 곳이라면 모조리 올라가 있었다. 내가 고개를 들었을 때 여기도 중국인, 저기도 중국인, 온통 중국인들뿐이었다. 곧 날이 저물고 밤이 찾아왔다. 별들이 총총히 박힌 밤하늘은 아름다우면서도 평온했다. 그때 가슴 속 깊은 곳에서 기쁨이 차올라 얼마나 황홀했는지 모른다! 그곳에 모인 사람들이 오래전부터 내려오는 하나님의 말씀을 처음 접하는 축복된 순간이었으니까.

한 주간의 고된 사역을 마무리할 무렵, 몇몇 영혼이 주님을 영접했다.

인창 씨 부부는 우리를 위해 식사준비를 하는 것 말고는 따로 맡은 일이 없었다. 게다가 우리는 그들이 차려 주는 중국식 밥상에 투정 한 번 부리지 않았다. 그들에게 고된 일은 전혀 없었다. 그런데 식사 때마다 쌀밥과 두부 반찬이 나왔다. 어쩌다 고기반찬이 올라왔지만 두부 반찬은 빠지지 않았다. 두부 반찬은 천 조각을 삶거나 혹은 탈 때까지 튀긴 것 같은 맛이었다. 처음에는 이 작은 도시에서 구할 수 있는 반찬거리가 두부 말고는 없는 줄 알았다. 그런데 어느 날 이른 아침 시장에 갔는데, 감자와 당근, 양파와 양배추까지 온갖 야채들이 있었고 가격도 아주 저렴했다. 그래서 나는 살림을 맡고 있는 존을 통해 인창 씨에게 두부 반찬만 하지 말고 다양한 반찬을 해달라고 부탁했다. 그러나 그 후에도 똑같은 반찬이 상에 올라오는 게 아닌가! 인창 씨 부부가 그런 상차림을 좋아하는 게 분명했다. 손이 많이 안 가는 상차림이었으니까. 감자나 당근처럼 껍질을 벗길 필요도 없었고, 게다가 오래전부터 그들이 즐겨 먹던 음식이니 요리하기도 얼마나 쉬웠겠는가!

그 선교여행의 마지막 날 우리는 이른 아침부터 숙소를 나섰다. 평야 맨 끝자락에 있는 마을로 전도하러 가기 위해서였다. 날이 저물어서야 돌아올 것이 뻔했다. 그래서 나는 남편에게 신신당부했다. "존, 저녁때가 되면 굉장히 허기질 것 같아요. 그러니까 인창 씨에게 감자랑 당근으로 반찬을 하라고 제발 이야기 좀 해줘요. 내 입맛에 맞는 반찬을 하라고 말이에요."

"알았소, 이소벨." 존은 분명히 대답했다. 내 부탁대로 그 부부에게 말하는 것도 똑똑히 들었다.

오늘 저녁에는 푸짐하게 식사할 수 있을 거라는 기대와 확신으로 길을 나섰다. 덕분에 그날 아침은 발걸음도 가볍고 기분도 상쾌했다. 아침 공기는 차가우면서도 왠지 기분 좋은 겨울의 향기를 머금고 있었다. 그리고 저 멀리 있는 작은 호수의 푸른 수면이 황금빛 햇살을 받으며 반짝반짝 빛나고 있었다. 평야 한복판에는 논이 펼쳐져 있었고, 그 주변에 아주 작은 마을이 있었다. 솜털 같은 초록 대나무 숲에 둘러싸여 그 마을은 더욱 두드러져 보였다.

우리는 여러 농가들을 돌아다니면서 내 기타 반주에 맞춰 다 함께 중국어로 찬양을 했다. 사람들이 모이면 존과 양 씨가 설교를 했다. 나는 아낙들과 아이들을 모아 놓고 이야기를 하고, 소책자도 나눠 주었다. 우리는 흙 담벼락에 둘러싸여 있는 다른 농장의 마당으로 자리를 옮겼다. 이 마을 사람들은 하나같이 친절했다. 하지만 정오가 되어도 먹을거리를 챙겨 주는 사람이 없었다. 배가 고프기 시작했다.

오늘 아침에도 쌀밥과 두부 반찬만 먹었던 터라 속을 든든히 채우지 못해 배가 더 고팠다.

"이소벨, 조금만 더 참아 봅시다." 존이 말했다. "이런 게 바로 선교사의 삶이 아닐까 싶소. 오랫동안 걸어 다니면서 복음을 전하는 삶 말이오. 나는 오늘 안에 이 평야 지대의 맨 끝까지 가서 모든 농가를 둘러보고 싶어. 어쩌면 다음에 들르는 곳에서는 음식을 살 수 있을지도 모르니까 힘내요!"

하지만 그 어디에서도 음식은 구경조차 할 수 없었다. 그런 상태로 하루가 저물고 있었다. 존은 나보다 네 살 연하였으니 나보다 체력이 좋은 것은 당연했다. 게다가 이번 경우처럼 내가 자신보다 체력이 약하다는 것을 잊은 채, 버거운 수준까지 나를 몰아붙였던 적이 신혼 초에 몇 번 있었다.

그러다 어디에선가 중국 엿을 살 수 있었다. 하지만 속이 비어 있었던 터라, 너무 단것은 먹히지도 않았다. 숙소로 돌아온 나는 너무 지쳐서 쓰러지기 직전이었다. 그래도 당근을 곁들여 요리한 고기와 감자 반찬을 기대하며 온 힘까지 다해 지친 몸을 이끌고 숙소로 돌아왔다.

계단을 올라온 나는 숙소 침대에 털썩 주저앉았다. 어느새 존이 먼지를 씻어 낼 물을 한 대야 떠 왔다.

"인창, 저녁상 다 차렸어?"

"네, 목사님. 밥상 들고 올라갈게요!"

대충이라도 씻고 나니 기분이 상쾌했다. 인창 씨 부부가 밥상에 김이 모락모락 나는 반찬 그릇들을 올려놓고 있었다. 허겁지겁 밥상으로 다가가 살펴본 순간 나는 엄청 실망하고 말았다. 고기만 따로 요리한 반찬은 눈을 씻고 찾아봐도 없었다. 대신, 고기를 약간 넣어 요리한 회색 천 조각 같은 두부 반찬이 상에 올라와 있었다.

"감자와 당근 반찬은 어디 있어요?" 나는 물었다.

인창 씨 부부는 서로 멋쩍게 쳐다보기만 했다. 두 사람은 주인의 부탁 따위는 신경조차 쓰지 않았던 것이다. "오늘 시장에 갔는데 마땅한 반찬거리가 없었어요." 부부는 한목소리로 대답했다.

"먹을 만한 다른 반찬은 없나요?" 나는 기대하지 않았지만 그래도 혹시나 하는 마음에 물어보았다.

"없는데요."

내 인내심이 한계에 다다르고 말았다. 그래서 침대에 얼굴을 묻고 펑펑 울었다. 존은 진정하라며 나를 다독였다. 하지만 나는 녹초가 되어 버렸고, 하염없이 눈물이 나왔다. 결국 울다 지쳐 잠이 들고 말았다.

자정이 다 되어서야 나는 잠에서 깨어났다. 속이 너무 비어 쓰리고 아팠다. 자리에서 일어나 앉자, 남편이 다가와 걱정스레 말했다. "쌀밥이라도 조금 먹어 봐요! 인창이한테 음식을 조금만 데우라고 할게!"

"알았어요. 조금만 먹어 볼게요!" 나는 힘없이 대답했다. 잠시 후 남편이 두부를 얹은 따뜻한 밥 한 공기를 내게 건넸다. 어쩔 수 없이 받아들고 두부를 한입 베어 물었다. 평소에 먹던 그 맛이 아니었다. 전혀 천 조각 같지 않았다. 밥 한 공기를 뚝딱 해치웠다. 나는 한 공기 더 달라며 빈 그릇을 내밀었다. 그날 이후로 내 인생에서 두부는 친구 같은 존재가 되었다. 환장할 정도로 두부를 좋아하게 된 것은 아니지만, 두부는 더 이상 불쾌하거나 역겨운 반찬이 아니다. 사실, 두부는 건강식품이다. 그래서 가끔 맛있는 야채를 넣어 만든 두부 요리를 밥상에 올리곤 한다.

우리 가족은 이 일화를 떠올릴 때면 늘 즐거워한다. 그런 일을 겪은 후 내 취향에 맞지 않는 새로운 중국요리를 만나면, 남편은 꼭 이렇게 말한다. "여보, 조금만 울어 봐요! 그러면 맛있게 먹을 수 있지 않을까?"

살다 보니, 낙심해도 눈물을 흘리지 않는 법을 터득하게 되었다. 남편은 차라리 우는 것이 때로는 더 낫다며 아쉬운 듯 말하기도 했다. 그렇지만 누구나 성장하려면 시간이 걸리게 마련이다. 과일이 익으려면 최소한 한철은 지나야 하지 않는가?

✳ 과연 내 눈에도?

오래전부터 나는 인창 씨의 게으름이 눈에 거슬렸다.

나는 처음부터 인창 씨에게 친절하게 대했다. 사실, 중국인들은 그들이 부리는 고용인에게 쉬는 시간을 따로 주지 않았다. 하지만 나는 인창 씨 부부에게 일주일에 반나절 정도는 자유 시간을 주었다. 그뿐 아니라 인창 씨 부부가 편안하게 지내도록 나름대로 배려해 주었다. 하지만 결국 그런 배려가 부질없는 일임을 깨닫게 되었다. 그들은 어떻게든 편히 쉬려고만 했다. 일을 하지 않으려고 이리저리 잔머리를 굴렸다.

살을 에는 듯이 추운 어느 겨울 날이었다. 나는 중국어 선생님과 함께 공부를 하고 있었는데, 날씨가 너무 추워서 몸이 덜덜 떨렸다. 도저히 견딜 수 없어서 인창 씨에게 불을 피운 이동식 난로를 가져오

게 했다. 한참이 지나서야 인창 씨가 나타났다. 처음 보는 작은 난로를 손에 들고서 말이다. 그 난로에는 이제 막 불이 붙기 시작한 석탄이 몇 조각 들어 있었다. 온기를 거의 느낄 수 없는 수준이었다. 선생님과 나는 추워서 여전히 몸이 부들부들 떨렸다. 사실, 그 당시 나는 커다란 난로를 새로 장만했었다. 그래서 이상하다 싶어 선생님께 양해를 구하고 인창 씨 부부를 찾았다. 한창 바쁘게 일할 이른 아침 시간이었지만 그 어디에도 부부의 모습은 보이지 않았다. 하는 수 없이 그들의 방에 가 보았다. 역시나 내 예상이 틀리지 않았다. 부부는 할 일을 미뤄 두고 벌겋게 달아오른 석탄을 층층이 쌓아 놓은 커다란 난로 곁에 앉아서 발가락에 불을 쬐고 있었다. 그 작디작은 난로의 출처는 확인하지 않아도 뻔했다. 그 부부가 쓰던 것을 내게 가져온 것이었다. 게다가 양심도 없이 이제 막 불이 붙기 시작한 석탄을 한두 조각 넣어서 말이다. 이런 일만 봐도, 내가 굳이 그들의 편의를 봐줄 필요가 없었던 것이다.

사실, 배려하면 할수록 그들의 요구사항은 자꾸 늘어났다. 이 지역의 사람들은 욕조에서 목욕을 하지 않았다. 그래서 욕조를 따로 갖고 있지 않았다. 하지만 우리 일을 거들어 주는 이 부부는 존 쿤과 이소벨 쿤이 가진 거라면 무엇이든 똑같이 갖고 싶어 했다. 그게 무엇이든 상관하지 않았다. 어느 날 인창 씨가 내 함석 목욕통을 들고 그들의 방으로 가다가 나한테 딱 걸리고 말았다.

"인창 씨, 내 목욕통으로 뭐하려고요?"

"아내가 목욕하고 싶대서요." 그는 아무 일도 아니라는 듯 능청스럽게 대답했다.

하지만 그의 아내는 옴에 걸려 있었다. 내가 직접 그녀를 치료해 주었기에 잘 알고 있었다. 나는 이렇게 말했다. "정 그러면, 아래층에 있는 함석 통을 쓰라고 하세요! 다른 사람에게 옴이 옮을 수도 있다고요. 그러니 우리 것은 안 쓰면 좋겠군요!"

그는 기분 나쁜 표정을 지었지만, 내 말을 따르는 수밖에 없었다.

며칠 후였다. 이번에는 그의 아내가 우리 침실로 들어가더니 잠시 뒤에 나왔다. 내 향수 냄새를 진하게 풍기면서 말이다. 사실, 그 향수는 참기 힘든 악취가 날 때 뿌리려고 고향에서 가져온 것으로 딱 한 병밖에 없었다. 더군다나 우리가 살던 지역에서는 구할 수도 없는 물건이었다. 정황이 분명해 보였다. 하지만 그녀는 화를 내며, 자기 향수를 뿌렸다고 우겼다. 나는 사실을 확인해야겠으니, 그녀의 향수를 보여 달라고 말했다. 얼마 전에 결혼한 그녀에게도 향수가 몇 병 있었다. 하지만 그 향수들은 그녀의 여행 가방에 고이 보관되어 있었다. 심지어 향도 전혀 달랐다. 내가 이런 사실들을 지적하자, 그녀는 삐쳐서 방으로 들어가 자리를 펴고 누워 버렸다. 그리고 이틀 동안 꼼짝하지 않았다. 아무 일도 하지 않은 채 말이다. 인창 씨는 그저 아내가 아프다고 둘러댈 뿐이었다.

그들이 어느 날 갑자기 잘못된 행동을 하게 된 것은 아니었다. 소소한 사건들이 반복되더니 점차 태산처럼 커지고, 어느새 절정에 다다른 것이었다. 앞에서 이야기했던 일도 사실은 너무 사소한 것이라 정황이 제대로 기억나지도 않는다. 어쨌든 인창 씨는 의무를 다하지 않았다. 그래서 나는 존에게 인창 씨의 근무태만을 지적했다. 바로잡아야 했기 때문이다. 하지만 존은 오히려 인창 씨 편을 들면서 나를 나무랐다.

나는 너무 화가 치밀어 올라 아무런 말도 할 수 없었다. 그냥 외투를 걸치고 모자를 눌러 쓰고는 집을 나와 버렸다. 동네를 지나 평야로 갔다. 속이 부글부글 끓었다. 게으른 가정부를 문제시하기는커녕 안주인보다 더 인정하는 집에서 어찌 살 수 있으랴! 이런저런 생각들로 머릿속이 복잡했다. 몇 시간 동안 정처 없이 발길 닿는 대로 걸었다. 내게 벌어진 일은 상관하지 않고, 그저 모든 것으로부터 멀리 도망쳐야겠다고 결단한 채 말이다.

한참을 걷다 보니 신기한 듯 나를 쳐다보는 중국인들의 눈길이 느껴지기 시작했다. 평야 곳곳에 작은 마을들이 흩어져 있었다. 날이 저물고 있으므로 지금 돌아가지 않으면 그 마을 중 한곳에서 밤을 지새워야 할지도 모른다. 물론 잘하는 짓이 아니라는 것쯤은 알고 있었다. 현모양처라면 이 시간에 이런 낯선 곳을 헤매고 다니지는 않을 테니까!

그제야 심란한 기분이 다소 진정되었다. 그때 아주 고요한 음성이 들려왔다. "나와 내 영광은 전혀 생각하지 않은 채 이 일을 해결하려고 하는구나!" 계속해서 음성이 들려왔다. "너는 사람들에게 나를 알리려고 이 땅에 오지 않았느냐? 오늘 하루 동안 얼마나 많은 사람에게 복음을 전하였느냐?"

순간 간담이 서늘해졌다. "오, 주님! 죄송해요. 주님 말씀이 옳습니다. 저는 오직 제 자신만 생각하고, 상처 받은 제 마음만 신경 쓰고 있었습니다. 주님, 제가 어떻게 해야 할까요?"

"집으로 돌아가라!"

의기양양한 얼굴로 으스대는 인창 씨 모습이 떠올라서 나는 주춤거렸다. "주님, 제가 이런 굴욕을 어떻게 참아야 할까요? 집에서 부리는 가정부가 저를 우습게 생각한다고요!"

또다시 음성이 들려왔다. "그들 앞에서 네가 나에게 안겨 준 굴욕을 나는 어찌 참아야 한단 말이냐? 너는 내게 이 문제를 올바르게 인도해 달라고 간구하지 않고, 단지 네 분별력으로 해결하려고 애쓰더구나!"

그 말을 듣자마자 나는 겸손히 주님께 간구했다. "하나님 아버지, 이 일을 친히 해결해 주세요. 그리고 제 발길이 집으로 향할 수 있도록 인도해 주세요!"

고집불통이 못 말리는 성향과 충돌하면 무슨 일이 일어날까? 첫 반응은 나름의 방식으로 관망하는 것이다. 그 고집불통의 남자는 나무로 지은 작은 방으로 올라가 책상 앞에 조용히 앉아 있었다. 얼핏 보면 중국어를 공부하는 듯했지만, 뭔가가 잘못 돌아가고 있다는 우울한 생각으로 암울해 있었다. 아내는 분명히 화가 났다. 그런데 왜 화가 난 이유를 말하지 않고 그냥 나가 버렸을까? 그가 자란 (펜실베이니아 주 독일계 주민들이 사는) 동네에서 이런 일이 벌어지면, 화난 사람은 속마음을 터놓고 이런저런 이야기를 한다. 그러면 상대방이 자기 입장을 설명한다. 그런데 아내는 잔뜩 화가 나서 그냥 밖으로 나가 버렸다! 그는 가시방석에 앉은 듯 불편하고 괴로웠다.

'그나저나 아내는 어디로 갔을까? 집을 나간 지 한 시간이 넘었는데, 왜 돌아오지 않는 것일까? 이대로 영영 돌아오지 않으면 어떻게 하지?' 이런 생각을 하자 갑자기 오싹해졌다. 이 일을 다른 사람들에게 설명해야 한다면 그 또한 굉장히 당혹스러우리라. 그는 자신이 처한 상황에서 빨리 벗어나고 싶었다.

그렇지만 그가 잘못한 부분도 있다. 인창이 자리를 떠날 때까지 기다린 후, 아내에게 바른말을 해야 했다. 아마 그렇게 하지 않아서 아내가 잔뜩 화가 났으리라. 가정부가 보는 앞에서 아내가 아닌 가정부의 편을 들다니!

물론, 그가 인창을 용서한 것은 아니었다. 갑자기 그런 난감한 상황이 벌어진 것이었다. 왜 인창이가 잘못하는 점들은 꼭 아내의 레이

더망에 걸리고 마는 것일까? 사실 인창이가 결혼하기 전에는 두 사람은 환상의 콤비였다. 왜 결혼한 후로는 예전처럼 지낼 수 없는 것일까? 물론 존은 아내만큼 인창이가 하는 일을 꼼꼼하게 확인하지 않았다. 게다가 인창의 아내가 도움이 안 되는 사람인 듯했다. 그것만큼은 분명했다.

날이 많이 어두워졌다. 아내가 그런 성향의 사람이 아니었다면 어땠을까?

하지만 아내는 그런 성향의 사람이었다. 못 말리는 성향의 아내가 불가항력의 하나님께 압도되어 방으로 들어섰다.

"당신, 돌아왔구나!" 정말 다행이었다. 존은 슬픔에 잠긴 채로 겸손하게 아내를 쳐다보면서 물었다. "어디 갔었소?"

"서쪽 성문 밖을 걷다 왔어요." 아내는 평소와 달리 침묵을 지켰다.

"있잖아, 식사 때가 한참 지났는데…나는 먼저 먹었소. 당신이 먹을 음식 좀 데우라고 인창이한테 말할게!"

식사를 하면서도 말 한마디 하지 않았다. 그리고 식사를 마치고 잠들기 전까지 중국어 책을 보면서도 말 한마디 하지 않았다. 서로를 굉장히 조심스럽게 대했다. 이제껏 이런 적은 단 한 번도 없었다.

함께 성경을 읽고 기도한 후에 잠잘 준비를 하는데 그 고집불통의 남자가 갑자기 입을 열었다. "인창이 부부가 당신을 그리 힘들게 하면, 그들에게 나가라고 합시다. 그런데 그들 대신 일할 사람을 쉽게 구할 수 있을까 싶소. 요즘 괜찮은 가정부 구하기가 쉽지 않다고 하던데."

정말 불가사의한 일이었다. 남편은 어떻게 포기하는 마음을 갖게 되었을까? 불가항력의 하나님께서 이 일을 세밀하게 돌보셨기에 가능했으리라. 이 상황을 올바르게 인도해 달라고 하나님께 간절히 기도하자 상황이 이렇게 달라진 것이었다.

"여보, 고마워요! 이렇게 말하기까지 얼마나 큰 희생과 결단이 필요했는지 잘 알아요. 인창 씨를 해고하는 것이 당신에게 많은 것을 의미한다는 것도 알고요. 하지만 그 사람 때문에 우리 사이가 계속 삐거덕거린다면, 굳이 데리고 있어야 할까요? 아무리 당신에게 의미 있는 사람이라고 해도 말이에요. 집안일을 할 사람을 못 구하면, 나 혼자서라도 하죠 뭐. 우선, 우리에게 좋은 가정부를 보내 달라고 하나님께 기도해요. 솔직히, 내가 어떤 상황에 처하든 오늘 겪은 일보다는 나을 것 같아요." 그러자 사랑의 희생을 한 남편이 내게 부드럽게 입을 맞추었다.

물론, 인창 씨가 미혼일 때부터 그리 다루기 어려웠던 사람은 아니었다. 두 사람은 미혼일 때 선교여행을 많이 다녔다. 존은 인창 씨가 사람들 앞에서 주님에 대해 간증하도록 격려해 주었다. 옥외집회 때는 서로 어깨를 맞대고 서서, 혹은 찻집에서 나란히 앉아 사람들에게 복음을 전했다. 두 사람 사이에 우정이 점차 싹트게 되었다.

나중에 일련의 사건들을 미루어 보니, 인창 씨가 안 좋은 아내를 얻은 것이 문제의 주된 원인인 것 같았다. 그녀는 무늬만 그리스도인이었다. 가족의 안위를 위해 교회에 출석하는 정도였다. 중국에서는 관습에 따라 배우자를 제대로 못 본 상태에서 결혼하기도 한다. 인창 씨는 예비신부에 대해 아는 바가 없었다. 단지 그녀의 예쁜 얼굴에 반했는데, 그 예쁜 얼굴 뒤에는 오만, 게으름, 이기적인 성격이 감춰져 있었다. 결혼 후 그녀는 자신에게 득이 되는 쪽으로 남편에게 이런저런 조언을 했다. 심지어 존과의 친분을 이용하도록 인창 씨를 꼬드기기도 했다. 어쨌든 오랫동안 함께 사역했던 동료를 떠나보내는 것은 존에게 아주 힘겨운 일이었다.

이튿날 아침, 나는 인창 씨 부부에게 일하는 방식이 만족스럽지 않으니 일을 그만두라고 말했다. 그러자 인창 씨가 존에게 쪼르르 달려갔다. 아마도 전날 자신이 거둔 그런 승리를 기대했을 것이다. 당연히 존이 그의 손을 들어줄 리 만무했다.

인창 씨 부부는 방으로 들어가 문을 닫아 버렸다. 집안일도 안 했고, 그렇다고 떠날 채비를 하는 것 같지도 않았다. 그들이 떠날 때까지 무작정 앉아서 기다릴 수만은 없었다. 그래서 나는 집안을 청소하고, 내가 원하는 방식으로 정리정돈을 했다. 그때만 해도, 동양에서 아랫사람을 해고하기가 얼마나 어려운 일인지 제대로 직시하지 못하고 있었다.

다음 날 아침, 나는 난생처음 개방형 벽난로에 불을 피우고 아침식사를 준비했다. 석탄으로 불을 피우는 것도 만만치 않았고, 연기 때문에 눈물까지 쏙 빼며 한참을 고생했다. 그때 존이 부채를 들고 와서 내 곁에 바짝 붙어 앉으면서 진지하게 말했다. "이소벨, 내가 부채로 바람을 부치고 있을 테니, 아래층에 내려가 봐요. 사람들이 당신을 기다리고 있소!"

나는 매일 아침마다 진행하던 성경수업은 까맣게 잊은 채, 이 이른 시간에 나를 만나러 온 이들이 누굴까 궁금해 하며, 나무 계단을 내려갔다. 예배당으로 들어가자 우리 교회 집사들이 한자리에 모여 나를 기다리고 있었다. 집사들 뒤에 인창 씨가 의기양양하게 앉아 있었다.

"사모님, 자리에 앉으시죠." 그 지역의 우체국장이자 가장 나이가 많은 집사가 말했다. 그는 아주 근엄하게 일장 연설을 시작했다.

내 심장은 두려움으로 요동쳤다. 나는 중국어로 말하는 것에는 자신이 있었지만 회화실력에 비해 이해력은 다소 떨어졌다. 게다가 잔뜩 긴장한 상태라서 그 집사가 무슨 말을 하는지 전혀 이해하지 못했다. "죄송합니다만, 잠시만요. 무슨 말인지 전혀 이해가 안 되네요. 존 목사한테 통역을 부탁할게요!" 나는 곧바로 뒤돌아서서 계단을 뛰어 올라갔다. "여보! 존!" 나는 숨을 헉 하고 내쉬며 말했다. "당신이 좀 도와줘야겠어요! 집사님들이 무슨 이야기를 하는지 당신이 통역을 해줘요. 뭐라고 하는지 알아야 대답을 하지 않겠어요?"

남편이 느긋하게 말했다. "그래, 그렇게 하겠소."

우리는 함께 아래층으로 내려갔고 근엄한 그 집사는 다소 심각한 이 일을 꼼꼼하게 짚어 보고 따져 보기 시작했다. 그의 말을 종합해 보면 이러했다. "교회 집사들의 도움으로 쿤 목사님이 그리스도인 인창 씨 부부를 가정부로 데리고 있었습니다. 저희가 알기로, 예전에는 쿤 목사님이 인창 씨를 굉장히 만족스러워했습니다. 쿤 목사님, 그렇습니까?"

쿤 목사는 진지한 얼굴로 고개를 끄덕였다.

"그러나 이제 사모님은 그들을 내보내고 싶어 합니다. 직접 그 이유를 설명해 주시겠습니까? 인창 씨 부부가 무언가를 훔쳤습니까?"

깊은 침묵이 흘렀다. 그 자리에 참석한 모든 사람이 내 대답을 기다리고 있었다.

"아니요. 인창 씨 부부는 어떤 부정한 짓도 저지르지 않았습니다."

"어떤 부도덕한 행동을 했습니까?"

"아니요."

"그러면 그들이 무슨 잘못을 했습니까?"

못마땅한 여덟 쌍의 눈동자가 내게 꽂혔다. 완전히 법정에서 재판받는 범죄자 꼴이었다. 인창 씨는 싱글거리고 있었다.

나는 굴욕감과 흥분으로 몸이 바들바들 떨렸다. 그래서 그 부부의 게으름과 몰염치에 대해 열심히 설명했다. 그 부부가 자신들의 자그마한 난로와 내 커다란 난로를 바꿔 사용했던 일을 이야기했다. 하지만 그곳에 모인 중국인들은 입을 심하게 삐죽거리며 비웃을 뿐이었다.

희망이 점차 사그라지고, 내 인생이 모두 사라진 것 같던 바로 그때 우체국장이 갑자기 몸을 돌리더니 인창 씨를 불렀다. "인창 씨는 어서 짐을 꾸리세요. 집으로 돌아가는 편이 낫겠군요."

그 말에 안도감을 느낀 나는 기운을 차리고 그 회의가 끝날 때까지 자리를 지킬 수 있었다. 그날 인창 씨 부부는 짐을 챙겨 우리 곁을 떠났다.

인창 씨 부부가 떠난 후, 어쨌든 그들이 우리 생활에 꽤 도움이 되긴 했다는 사실을 몸소 느끼기는 했다. 나는 새벽기도 시간에 중국 요리용 화로에 불을 붙여야 했다. 화로 위에 냄비를 올려놓을 때 균형을 잘 잡아야 하는데 나는 요령이 없었다. 잘못 올려놓은 냄비의 물이 살짝 넘쳐흘러 재가 자욱하게 피어올랐다. 그 재가 고스란히 화로와 준비해 놓은 음식, 내 몸 위로 내려앉았다. 직접 겪고 나서야 이런 일이 벌어질 수 있다는 것을 깨닫게 되었다. 어느 날은 물이 너무 많이 쏟아지는 바람에 화로의 불이 꺼지기도 했다.

간신히 아침식사 준비를 마치면, 그날 먹을 고기와 야채를 사러 시장에 가야 했다. 그 시절에는 정찰제가 도입되지 않아, 무엇을 사든 흥정해서 값을 깎아야 했다. 중국어를 연습할 좋은 기회였다. 단, 시간이 너무 오래 걸리는 게 문제였다. 그러다 보니 장을 보고 집에 오면, 사람들이 나를 만나려고 한참 기다리고 있거나, 심지어 기다리다 지쳐서 돌아간 사람들도 있었다.

물론 존이 성심성의껏 도와주었다. 툴을 피우거나 장을 보기도 했다. 하지만 존은 이런 생활이 시작된 바로 첫날 아침부터 내가 큰 깨달음을 얻기 바랐다. 교회에서 마련해 준 가정부를 해고한 것이 얼마나 무모한 일인지 말이다. 그렇다. 그것이 내가 깨달아야 할 교훈이었다.

설거지와 다림질을 하려면 많은 시간이 걸렸다. 우물에서 물을 길어 양동이를 채우고, 길어 온 물을 끓인 다음, 앉아서 손빨래하는 것이 간단해 보이지만 실은 몇 시간이나 들였다. 뜨거운 숯으로 달군 인두로 다림질을 할 때마다, 작은 검댕이 내 앞에 놓인 셔츠에 내려와 앉았다. 그 사실을 모른 채로 다림질을 하면 셔츠에 검은 줄이 생기곤 했다. 나는 인창 씨의 아내가 우리 옷을 어쩌면 그리 깔끔하게 손질할 수 있었는지 뒤늦게 감탄하기도 했다. 이렇게 정신없이 바쁜 날이면 연로한 그 집사가 했던 말이 귓가에 맴돌았다. "게으름보다 더 안 좋은 것들도 있습니다."

그렇게 며칠을 보내고 나자, 중요한 일보다는 부차적인 일에 지나치게 매여 있다는 느낌이 들었다. 그쯤 되니 우리의 기도제목은 당연히 '좋은 가정부 구하기'가 되었다. 주님께서 친히 간섭하시지 않으면 이 문제를 해결할 수 없었다. 우리가 간절히 기도하자, 선한 길로 인도해 주셨다. 우리에게 한 젊은 부인을 보내 주셨던 것이다. 결혼은 했지만, 남편이 집을 나가서 아주 힘들게 살고 있는 여성이었다. 그날 입고 온 옷조차 다른 사람에게서 빌린 것이었다. 그녀는 그리스도인이 아니었고 그녀의 가족은 행실이 좋지 않기로 소문이 자자했다.

하지만 그 부인은 일을 아주 잘했다. 중국인 가정부도 뛰어날 수 있다는 것을 알게 해준 사람이었다. 영리한 그 부인은 부지런히 나를 거들어 주었다. 내가 어떻게 일하는지 딱 한 번 시범을 보이면, 더 이상 그 일에 대해서는 신경 쓸 필요가 없었다. 무엇보다도 그녀는 나를 통해 예수 그리스도를 구주로 믿게 되었다.

안타깝게도 우리의 인연이 그리 길지는 않았다. 그 부인과 함께 지낸 지 얼마 되지 않아서 우리 부부는 서부 지역으로 옮기게 되었다. 우리가 리수랜드로 옮길 때 그녀는 함께 가지 않았다. 하필 그때 그 부인의 남편이 그녀가 예전과는 달리 제대로 된 옷을 입고 다니고, 수중에 돈도 조금 생겼다는 것을 알게 되었다. 그는 부인에게 돌아오라고 애걸했고 그녀는 남편 곁에 남기로 했다. 나중에 나는 그녀의 집과 가장 가까운 지역에서 사역하는 선교사를 통해 연락을 취해 보았다. 그러나 그녀를 다시는 만날 수 없었다. 나는 우리가 천국에서 다시 만나리라 믿는다!

✽ 소금으로 맛을 낸 것 같은 말

"이소벨, 드디어 전갈이 왔어! 윈난성 서쪽에 있는 다리 선교지부로 발령이 났어요. 거기 1년 정도 공석이었잖소!" 존은 선교본부에서 온 편지를 자랑스럽게 내 쪽으로 흔들어 보였다. 나는 남편에게 달려갔고, 우리는 너무 기쁜 나머지 서로를 끌어안았다. 그리고 잠시 모든 것을 멈추고 하나님께 감사하는 기도를 드렸다. 프레이저 선교사가 처음 개척한 리수족이 윈난성 서부에 살고 있었는데, 다리는 그곳의 주요 도시였다.

존은 말을 이었다. "여기 편지가 한 통 더 있군. 프레이저 씨가 우리더러 5월에 쿤밍으로 오면 좋겠대요! 그때 프레이저 씨도 쿤밍에 오나 봐요. 우리가 서쪽으로 옮기기 전에 한번 보고 싶은가 봐. 게다가 잭 그레이엄(Jack Graham)과 엘라(Ella)가 5월 15일에 결혼한대요. 프레이저 씨가 그러는데 예비부부가 우리를 들러리로 세우고 싶어 한대요. 모든 일이 아귀가 딱딱 맞군. 참, 내 친구 버드(Bud F)도 안경을 새로 맞추려고 쿤밍에 온대. 이소벨, 드디어 그 친구 얼굴을 보겠군요."

버드는 존에게 아주 특별한 친구다. 두 사람은 1926년부터 1928년까지 중국 어학원에서 함께 공부했다. 그런데 그 당시 그들과 친하게 지내던 윌리엄 포츠(William Potts)가 갑자기 세상을 떠나고 말았다. 하나님께서 그의 죽음을 숭고하게 사용하셨다. 사역을 이제 막 시작한 선교사들을 엄숙하게 하고 강한 도전의식을 갖게 하셨던 것이다. 버드와 존은 하나님께 다시 헌신했고, 주님께서는 그들을 통해 다른 이들까지 헌신하게 하셨다. 특히 존은 '그리스도께서 신자 안에 살아 계신다'는 진리로 말미암아 은혜를 받았다. 그 진리가 그의 인생을 완전히 바꿔 놓았다.

버드가 우리와 다른 지방으로 파송되었기 때문에 나는 그와 만날 기회가 없었다. 버드는 외모가 준수했고, 체격이 호리호리했으며, 양 볼에 보조개가 있었다. 성인(聖人)을 떠올리게 하는 외모는 아니었다. 하지만 그와 이야기를 나누다 보면 자연스레 주님만 생각하게 된다. 버드는 그런 놀라운 능력을 지닌 사람이었다. 그와 대화를 시작할 때 넘쳤던 내 아일랜드 기질도 이야기가 길어지니 어느새 가라앉고, 내 안에는 오직 하나님을 향한 갈급함만 넘쳤다.

그날 밤 존은 임시 예배소에서 설교해 달라는 부탁을 받았다. 나는 너무 피곤해서 숙소로 갔다. 거리를 지나던 사람들이 임시 예배소에 모여들었는데, 주로 남자들이었다. 내가 막 잠이 들려고 할 때, 존이 방으로 뛰어들어 왔다. "여보, 버드가 임시 예배소에서 같이 철야 기도를 하자고 하는군. 괜찮겠소?"

나는 천천히 대답했다. "물론이죠. 그런데 한 시간 남짓 하는 기도로는 충분하지 않은 거예요?"

남편이 대답했다. "어쩔 수 없이 당신한테 말해야겠군. 버드와 내가 임시 예배소에서 설교해 달라는 부탁을 받았잖소. 버드가 먼저 설교를 했지. 그런데 그 친구 중국어 실력이 많이 늘지 않았더군. 중국에 나랑 같은 시기에 왔는데도 말이오. 사실, 아주 형편없는 수준은 아니었지만 나랑 비교가 안 됐어요. 그건 그렇고, 예배소에 모인 사람들 중 우리 설교를 듣고 감동한 사람이 없었소. 그냥 그렇게 흐지부지 끝나고 말았지. 어느 순간 버드가 내게로 다가왔소. 당연히 나는 일취월장한 내 중국어 솜씨를 칭찬하겠거니 하고 기대했지." 갑자기 남편이 말을 멈추고 고개를 숙였다.

나 역시 남편의 유창한 중국어 실력이 자랑스러웠다. "그래서요?"

"그런데 버드가 이런 말을 하더군. '존, 중국어 실력이 정말 많이 늘었더라. 하지만 오늘 밤 솔직히 좀 실망스러웠어. 지난번 네 설교를 들었을 때는 그리스도의 임재를 느낄 수 있었거든. 그런데 어찌된 일인지 오늘 밤은 존 쿤과 유창한 중국어 실력 말고는 아무것도 느낄 수 없었어. 실제로, 오늘 밤 이곳에 모인 사람 중 그리스도를 사모하게 된 사람은 한 명도 없었지. 뭔가 빠진 것 같지 않아? 오늘 함께 철야기도를 하지 않을래? 우리 둘이서만! 나도 열심히 기도해야 할 때거든. 내가 사역하는 지역 교회들 간 분위기가 냉랭해. 하나님을 중국어로 어떻게 번역할지에 대해 논쟁하고 있거든. 하나님께서 우리를 사용하시는 것을 사탄이 이런 식으로 방해하나 봐. 중요하지 않은 일에 연연하게 만들면서 말이야. 정말 기도가 절실하단 생각이 들어. 상하이에서처럼 너랑 같이 기도하고 싶어.' 그 말을 듣고 먼저 아내한테 물어보겠다고 했소. 물론, 당신이 못하게 할 사람은 아니지만 말이오."

그의 말에 나는 깊은 감동을 받았다. "당연히 내가 기도를 말릴 사람은 아니죠. 버드에게 나도 여기서 기도한다고 전해 줘요. 아마 당신한테 그렇게 터놓고 말하기가 쉽지 않았을 거예요. 아마 엄청난 용기가 필요했겠죠."

"그렇긴 하지." 남편이 겸허하게 수긍했다. "하나님께서는 버드에게 먼저 임재하셨소. 하나님께서 내게도 임재해 주시기를 간절히 바라오. 그러려면 누군가 내게 이런 지적을 해줄 필요가 있었던 거요."

"하나님의 축복이 당신과도 함께할 거예요. 어서 가요. 주님께서 당신과 함께하세요!"

그날의 철야기도 모임은 우리 모두에게 축복의 시작이 되었다. 원난성의 선교사역은 버드가 사역하는 지역만큼 위축되지는 않았지만 우리 지역에서도 선임 선교사들 간에 의견 차이가 있었다. 감독관인 프레이저 씨는 우리 모두에게 주님의 손길이 절실하다고 느꼈다. 그래서 그는 가능하면 모든 사람을 모이게 하고, 모든 일을 중단한 채 가장 시급한 일에 집중할 것을 지시했다. 모두가 한자리에 모여 기도를 통해 하나님 앞에서 하나되는 것이 가장 시급한 일이었다.

그렇게 열흘 간 하나되어 기도했던 일은 절대 잊을 수 없다. 진정으로 주님께서 우리를 만나 주셨기 때문이다. 성령께서 먼저 죄를 깨닫게 하셨다. 우리는 그릇된 행동과 서로를 비판했던 것을 눈물로 고백하며 회개했다. 우리가 하나되는 것을 방해했던 장애물들이 그렇게 사라졌다.

그 전까지 나는 다른 그리스도인들을 뒤에서 험담하면서도, 단 한 번도 죄라고 여기지 않았다. 하지만 그 시간 이후로 그것이 얼마나 큰 죄인지 깨닫게 되었다. 그냥 단순한 죄가 아니었다. 성령의 임재를 느낄 수 없게 하고, 우리를 축복하시려는 주님을 제지할 정도로 치명적인 죄였다. 그 이후로 그런 잘못을 범하지 않았노라 당당하게 말할 수 있으면 좋으련만, 살다 보니 어쩔 수 없는 경우가 있었다. 그러나 그 행동이 나쁜 일임을 인식하고 죄로 대하며 살게 되었다.

프레이저 씨는 다른 사람을 힐난하고 험담하지 않았다. 이 점에서 아주 탁월했다. 오히려 그는 소금으로 맛을 낸 것 같은 말을 함으로써 좋은 본이 되었다. 누군가가 다른 사람을 험담하면 과감히 거부했다. 사실, 버드가 존에게 말할 엄두조차 내지 못했던 그 마음속 이야기가 무엇인지 궁금했다. 그 이야기의 결말도 알고 싶었다. 하지만 그것이 결국 다른 사람을 향한 비난과 험담이 될 수 있기에 더 이상 관심을 두지 않았다.

그 집회를 마친 후, 존과 나는 큰 기대를 갖고 다리로 출발했다. 오랜 역사를 지닌 선교지부였지만 현재 사역자가 없는 그곳을 향해 갔다. 우리는 그곳에서도 중국어 공부를 게을리 하지 않고, 사역을 사모하는 젊은 선교사들을 지원하리라는 원대한 계획을 품고 있었다. 그 당시 2년 내로 신입 사역자 200여 명이 중국으로 파송될 예정이었고, 그 첫 팀이 도착할 날이 얼마 남지 않았다. 프레이저 씨는 젊은 선교사들이 첫 사역지에서 누구와 첫 단추를 끼우는지가 매우 중요하다고 생각했다. 그래서 우리도 신입 선교사들에 대해 책임을 느끼고 있었다. 존은 다리 주변 지역을 다니며 순회설교를 하려는 계획도 세우고 있었다.

그 시절에는 버마로드(Burma Road)가 뚫리지 않았다. 우리는 다리까지 말이나 산 가마를 타고 가거나 혹은 걸어서 가야 했다. 그리고 밤이 되면 우리가 도착한 곳이 어디든 그곳에서 숙박을 해결해야 했다. 더디면서도 매우 피곤한 여정이었다. 하지만 저 멀리서 아름다운 자태를 뽐내며 서 있는 윈난성 산들을 바라보면 피곤함도 녹아내렸다. 게다가 하룻밤 머물려고 들른 작은 마을에서 복음을 전할 수 있었다. 이것만으로도 고된 시간을 견딜 만한 가치가 있었다. 나는 이처럼 느림의 미학을 맛보는 여행이 좋다. 나중에 버마로드를 따라 트럭을 타고 똑같은 경로를 위험천만하게 여행한 적이 있었다. 1주일이나 걸렸던 여정이 버마로드로 가면 이틀이면 충분했다. 하지만 천천히 다니면서 만날 수 있었던 작은 마을들을 그냥 지나쳐야 하는 아쉬움이 남았다.

쿤밍을 떠난 지 며칠 후에, 나는 이질에 걸리고 말았다. 사도행전 28장 8절에 나오는 바로 그 이질 말이다! 정말 심하게 앓았다. 그래서 우리는 추슝(Tsuhsiung)이라는 작은 도시에서 며칠을 쉬어 가야 했다. 한 미국인 선교사가 추슝의 큰 저택에서 살고 있었는데, 중국인 간호사가 그 선교사를 돕고 있었다. 그리스도인인 그 간호사의 이름은 링(Ling)이었다. 링 간호사는 상하이에서 이질 환자를 많이 봤지만 나처럼 심한 경우는 처음이라고 했다. 하지만 나는 주님의 은혜로 잘 이겨낼 수 있었다.

1930년 6월 28일, 드디어 우리는 다리에 도착했다. 존은 시아관(Hsiakuan)에서부터 내게 우리끼리 먼저 가자고 졸랐다. 길에서 만난 중국인들이 우리에게 다리까지 불과 3-4리(1.5-2킬로미터) 정도밖에 안 남았다고 말했기 때문이다. 그런데 짐꾼들이 아직 이른 오후밖에 안되었는데 여기서 묵겠다며 여장을 풀었다. 실은 30리(15킬로미터) 남았다는 말이었는데 발음이 이상해서 3-4리 남았다고 잘못 알아들었던 것이다. 3-4리 남았다는 말에 마음이 급했던 존이 내게 우리끼리 먼저 가자고 졸랐다.

평탄한 길이 이어졌고, 우리는 아름다운 전경에 완전히 매료되었다. 왼편으로는 해발 4,572미터의 하늘빛 봉우리가 솟아 있는 높은 산맥이 펼쳐져 있었고, 오른편으로는 초록빛 논이 커다란 푸른 호수까지 넘실거리며 이어져 있었다. 다리는 중국의 주요 대리석 산지다. 다리로 가는 길에 만난 마을들은 하나같이 돌집들을 품고 있어서 진기한 그림처럼 보였다. 눈이 녹으면서 산속에 맑은 개울이 생겼는데, 물살이 아주 거셌다. 우리는 그런 개울도 건넜다.

나는 며칠을 앓은 터라 매우 약해져 있었다. 게다가 이미 해가 뉘엿뉘엿 지고 있었다. 어느새 피곤이 몰려왔다. 하지만 존은 계속 가자고 재촉했다. 새로 맡은 선교지부를 빨리 보고 싶었던 것이다. 나는 온 힘을 다해 걸었다. 그러다 결국 이렇게 말하고 말았다. "존, 이제 더 이상은 못 가겠어요." 정말 그랬다. 엄살이 아니었다.

"여보, 지금 아주 잘하고 있어요. 몇 걸음만 더 가 봅시다. 저기 대문이 보여." 남편은 내게 힘을 북돋아 주었다.

그러나 나는 한 걸음도 더 뗄 수 없었다. 그는 나를 거의 안다시피 부축해서 마룻바닥에 눕혔다. 그곳이 그 빈집에서 몸을 뉘일 만한 유일한 장소였다.

"이소벨, 당신 참 대단해!" 남편은 당혹스러워하며 내 곁에 서서 말했다. "당신은 힘들다고 말하면, 바로 그 자리에 딱 멈춰 버려요. 그런 다음에는 더 이상 노력할 생각을 안 하지!"

나는 기어들어 가는 목소리로 반박했다. "그런데 나는 견딜 수 없을 정도가 되기 전까지는 절대로 힘들다는 소리를 안 한다고요!"

그나마 우리를 돕는 손길이 있어서 다행이었다. 중국내지선교회 다리 선교본부의 넓은 사택 앞에 중국인 목사가 살고 있었다. 우리가 도착한 뒤, 그 중국인 목사가 찾아와서 저녁식사는 어떻게 할 것인지 물었다. 한참 동안 쉬고 나서 따뜻한 음식으로 배를 채우자 그제야 몸을 추스를 수 있었다. 조금씩 걸을 수도 있었다. 존은 이미 사택 주변을 돌아본 뒤였다. 청치앙에서 지냈던 창문도 없는 방 두 칸짜리 집이 떠올랐다. 우리가 이렇게 넓은 곳을 사용하게 되다니 정말 감사했다.

남편이 내게 다리 선교사택의 방들을 보여 주었다. 아직도 그곳에서 지냈던 첫날 밤의 설렘이 생생히 떠오른다. 나중에 우리는 그 방들을 '다리의 회랑'이라 불렀다. 본채의 위층과 아래층, 그리고 별채 세 개. 이 모든 공간을 우리가 사용할 수 있었다. 건물 뒤편에는 잔디밭과 넓은 정원이 있었다. 별채들 사이에는 작은 뜰이 있었는데 꽃이 만발한 나무들이 군데군데 있었다. 정말 아름다워서 천국이 이런 모습이겠구나 싶었다. 선교사택 앞 교회를 맡고 있던 리(Li) 목사는 품위 있고 세련된 젊은 중국인이었다. 그는 늘 우리가 편안히 지내도록 신경을 써 주었다. 처음 만나는 순간부터 우리는 그가 마음에 들었다. 우리는 2년 반 동안 다리에서 지내며 설교와 선교사역을 했다. 그리고 우리의 첫아이를 얻었다.

*존이 아빠가 되다

우리가 결혼했을 때 존은 스물세 살의 청년이었다. 젊은 남편은 아이 갖는 일에 큰 관심이 없었다. 그는 나와 함께 순회설교를 다니고 싶어 했기에 오히려 아이가 생기면 불편해 할 터였다.

결혼한 지 1년이 되어 갈 무렵 하나님께서 우리에게 아이를 주셨다. 나는 몸속에 생긴 변화를 남편에게 알리면서, 혹시 존이 당황하지 않을까 내심 걱정이 되었다. 그런데 존 역시 평범한 아빠였다. 임신 소식을 듣고 매우 기뻐했다. 나는 그런 모습에 자못 놀랐다.

남편의 얼굴이 환하게 빛났다. "정말 기쁜 소식이네!" 그가 외쳤다. "아들이면 좋겠소. 그러면 사람들이 '쿤 목사님, 자녀 있으세요?'라고 물어보면 중국인들처럼 '네, 집안의 기둥이 될 아들 녀석 하나 뒀어요!'라고 말할 수 있을 테니까."

존이 뱃속의 아이를 아들이라고 단정 짓는 것이 영 내키지 않았다. 딸이면 어쩔까 싶었기 때문이다. 그래서 나는 말했다. "그래요. 그런데 '살림 밑천인 딸아이 하나 있어요!'라고 대답해야 할 수도 있지 않겠어요?"

"오, 그럴 수도 있겠네!" 흥분과 행복감에 도취된 예비 아빠가 대답했다. "그나저나 출산은 어떻게 하지? 여기서 가장 가까운 병원이 쿤밍에 있잖소. 당신이 그 먼 길을 되돌아가야 하는 건가? 쿤밍에서 여기 온 지 채 1년도 못 채우고 되돌아가게 되겠군. 그렇게 짧은 시일 내에 되돌아가는 거 싫은데. 시간을 너무 많이 뺏기잖소."

"내 생각도 그래요. 아, 추슝에서 만난 링 간호사 기억나요? 예전에 내가 이질에 걸렸을 때 치료해 주었던 간호사 말이에요. 그 간호사가 산파도 많이 했나 봐요. 상하이에 있는 벧엘 선교회(Bethel Mission)의 메리 스톤(Mary Stone) 박사님한테 수련 받았대요. 링 간호사라면 할 수 있을 거예요!"

"그래, 바로 그 사람이야!"

우리의 출산계획은 그렇게 결정되었다. 남편은 유창한 중국어로 링 간호사와 몇 차례 편지를 주고받았다.

우리 부부는 그것이 얼마나 위험한 발상인지 전혀 몰랐다. 첫아이를 임신한 여성은 다른 사람보다 건강 검진을 더 많이 해야 한다는 생각을 하지 못했다. 그 지역에는 항공우편이 없었다. 육로로 편지를 주고받다 보니 굉장히 오래 걸렸다. 그래서 나중에, 정말 한참 뒤에야, 선교회 소속 부인들이 우리를 걱정했다는 사실을 알게 되었다. 의사한테 진료를 받지 않고 모든 것을 중국인 간호사한테 맡긴다는 사실에 모두 깜짝 놀랐던 것이다. 하지만 나를 병원으로 데려가려고 손쓰기에는 너무 늦어서 그냥 우리를 지켜볼 수밖에 없었던 것이다. 우리를 도울 방법은 오직 '중보 기도' 뿐이었다. 그 덕분에 나는 별 탈 없이 순산할 수 있었다.

1931년 3월, 링 간호사가 도착했다. 우리는 선교지부에서 후배 선교사들과 함께 지내고 있었다. 어니스트 맨스필드(Ernest Mansfield)와 윌 앨런(Will Allen) 선교사가 몇 개월 동안 존의 개인지도를 받으며 중국어를 배우고 있었다. 이 청년들은 온전히 주님께 헌신했고 유머감각까지 있었다. 우리는 이들과 즐겁게 지냈다. 어니스트는 호주 출신이었다. 그리고 윌은 영국인이었지만 중국에서 태어나 중국내지선교회에서 설립한 학교인 치푸(Chefoo)에서 교육을 받았다.

링은 체구가 작고 가냘픈 여성이었다. 다정다감하다기보다는 다소 사무적이고 무뚝뚝한 스타일이었다. 그녀는 산부인과 관련 서적을 한 권 가져와서는 거기에 실린 소름 끼치는 사진들을 설명해 주었다. 그리고 의료용 기구함까지 보여 주었다. 내가 그런 것을 반가워할 리 있겠는가. 그때 본 것들이 좀처럼 뇌리에서 떠나지 않아서 나는 무슨 일이 생길까 봐 걱정했다. 하지만 링 간호사는 아주 태평했다.

"걱정하지 마세요. 제가 특별한 경우도 여러 번 맡았었는데 모두 성공적으로 출산했어요. 저 혼자서 말이죠! 경험이 중요하답니다. 그런데 선교사님은 스물아홉이시잖아요. 사실 나이가 있어서 분만 시간이 좀 더 걸릴 수도 있어요. 그러니까 많이 걸으셔야 해요. 밖에 나가서 운동을 많이 하세요. 필요한 근육을 단련시키고 몸도 잘 풀어놓아야 해요."

나는 걸을 만한 장소를 물색해 보았다. 물론 다 안다는 듯한 표정으로 어색하게 웃어 댈 중국인들을 피할 수 있는 곳으로 말이다. 매일 아침마다 그곳에서 걸었다. 그리고 오랫동안 기도하고 중국어 공부를 하면서 출산일을 기다렸다. 나는 곧 만나게 될 '집안의 기둥' 아니면 '살림 밑천'을 위해 수없이 기도했다. 그 당시 내가 읽고 있었던 제임스 배리(James Barrie)의 『감상적인 토미』(Sentimental Tommy)에 나오는 "그러나 엘즈베스는 늘 하나님의 자녀였다"라는 글귀가 내 마음속에 들어왔다. 그래서 나는 우리의 첫아이를 위해 기도했다. "하나님, 이 아이가 늘 하나님의 자녀로 살도록 도와주세요!"

드디어 운명의 시간이 다가왔다. 우리는 넓고 통풍이 잘되는 2층 방을 침실로 사용하고 있었는데, 링 간호사는 그곳에 출산 준비를 해 놓았다. 그녀는 유능한 간호사였다. 하지만 첫 산통으로 숨을 가쁘게 몰아쉬며 몸을 잔뜩 움츠리고 있는 내게 이렇게 말했다. "그 정도는 아무것도 아니에요. 조금 있으면 더 심한 고통이 올 거예요!"

그 힘겨운 시간 동안 나를 든든히 잡아 준 것은 사랑하는 남편이었다. 아이를 낳느라 깊은 고통의 골짜기로 빠져드는 나를 존은 신뢰와 다정함과 힘으로 지켜 주었다. 그는 나의 한 손을 잡고 끝까지 지켜 주었다. 그리고 나의 다른 한 손은 중국인 여전도사가 잡아 주었다. 존이 잡아 주는 것은 마치 튼튼한 지브롤터 암벽처럼 든든했다면, 리(Li) 전도사는 전족한 작은 발 때문에 흔들거리면서 잡아 주었기에 얇은 종이 스카프에 매달려 있는 느낌이었다. 그녀는 나를 위해 끊임없이 중국어로 "주여, 도와주소서!"라며 기도했다. 남편은 내가 잘 헤쳐 나갈 수 있도록 조용하면서도 단단히 잡아 주었다.

1931년 4월 10일 오후 11시 40분, 가냘픈 울음소리가 전등불을 환히 밝힌 방 안에 울렸다. 캐스린 앤 쿤(Kathryn Ann Kuhn)이 세상에 나온 것이다.

간호사가 아기를 씻기려 데리고 나가자 존이 무릎을 꿇고 내 손을 잡고서 주님께 감사하는 기도를 드렸다. 순산하도록 은혜를 베푸시고 작고 귀여운 딸을 주신 것에 한없이 감사했다. "주님, 이 아이를 드립니다. 저희는 딸아이에 대한 어떤 소유권도 주장하지 않겠습니다. 딸아이가 평생 하나님의 자녀로 주님을 섬기며 살기 바랍니다."

잠시 후 간호사는 붉은 얼굴의 작은 아기를 강보에 싸서 데려왔다. 원래 아기들은 태어나서 만 하루 정도는 정말 못생겨 보이게 마련이다. 심지어 사람인가 싶기도 하다. 삶아 놓은 작은 바닷가재 혹은 주름투성이 노인처럼 보인다. 주름진 작은 얼굴을 보면서 나는 존이 과연 아기를 예뻐할지 궁금했다. 존은 예쁜 것만 좋아하는 남자였으니까.

남편의 모습을 보면서 나는 몇 시간 동안 낄낄거렸다. 남편이 무릎을 꿇고 내게 얼굴을 바짝 대고는 "이소벨, 무슨 생각해? 우리 딸 누구 닮은 것 같소?"라고 열심히 물었기 때문이다.

남편의 모습이 안타까워서 나는 아기가 나를 닮은 것 같다고 넌지시 말하려고 했다. 그런데 갑자기 링 간호사가 끼어들었다. "아기가 아빠를 꼭 닮았네요. 아기 눈이 움푹 들어가서 굉장히 깊어 보이네요. 그렇지 않아요?"

그 말을 들은 남편의 얼굴에 환한 미소가 번졌다. 그는 링 간호사를 쳐다보며 환하게 웃었다. 그러더니 내게 말했다. "이소벨, 들었소? 아기가 나를 닮았대요. 내 생각에도 그런 것 같아." 그러면서 의기양양하게 말을 이었다. "사람들이 그러는데 아기는 부모 중에 더 강한 쪽을 닮는 법이래!"

다음 날 아침, 아기를 재워 두었던 곳에서 큰 목소리가 들리는 바람에 나는 잠에서 깨어났다. 존의 목소리였다. 어니스트의 방 쪽으로 나 있는 창문이 열려 있었다. 존은 어니스트가 일어났는지 보려고 서성거리고 있었다. 그러다 움직임을 포착하자마자 곧바로 그를 불렀다. "어니스트!"

창가로 다가오는 어니스트의 얼굴이 내가 누워 있는 침대에서도 보였다. 존은 팔에 안고 있던 아기를 들어올리며 무아지경에 빠져 말했다. "우리 아기가 태어났어! 딸이야! 내가 그쪽으로 데려갈게."

남편의 말을 들은 어니스트가 큰소리로 대답했다. "저런! 아기 힘들게 하지 말아요. 감기 걸리면 어쩌려고요. 제가 그쪽으로 갈게요. 윌을 불러서 함께 갈게요."

마치 소년 같은 남편의 모습을 보니 저절로 미소가 지어졌다. 그 어떤 새 장난감이 이렇게 남편의 마음을 쏙 빼놓고, 방방 뜨게 할 수 있으랴! 우리 꼬마 아가씨뿐이리라. 내가 보기에 아기의 얼굴은 여전히 붉고 주름투성이였다. 그래서 두 청년이 과연 진심을 숨긴 채 선배 선교사의 비위를 어떻게 맞출지 몹시 궁금했다.

어니스트는 언제 봐도 친절하고 호의적인 사람이었다. 그는 아기를 보러 계단을 오르면서 괜찮은 말을 준비했다. "우와! 너무 귀엽다!" 정말 열광적으로 환호성을 질렀다.

아기 아빠는 흐뭇해서 활짝 웃었다. 바로 그런 열광적인 모습을 보고 싶었던 것이다. 왜 열광하는지 그 이유 따위는 중요하지 않았다. 존이 이번에는 기대에 찬 얼굴로 윌을 쳐다보았다. 존은 "사람들이 딸아이가 나를 닮았다고 하네"라고 말하며 넌지시 운을 뗐다.

올곧은 성격의 윌은 그 순간 어찌할 바를 몰랐다. 그냥 재빨리 웃더니 이렇게 얼버무렸다. "이런, 저기, 존 선배님, 진짜…."

이때 호의적인 어니스트가 아기 쪽으로 몸을 숙였다가 다시 자세를 똑바로 하며 말했다. "네, 정말 닮았어요. 존 선배님, 아기 머리 모양이 동그란 것이 딱 아빠 머리예요. 각진 턱도 그렇고. 엄마 머리 모양은 길고 가는 편인데 말이죠. 게다가 엄마 턱은 거의 뾰족한 수준이잖아요. 턱을 보니 딱 아빠네요!"

"정말 그렇지?" 아기 아빠는 흐뭇해하며 중얼거렸다. 그는 매우 행복해했다. 그 청년들의 방문은 성공적으로 끝났다.

캐스린 얼굴에 돌던 붉은 기는 금방 사라졌다. 물론 주름도 사라졌다. 아이의 작은 볼은 사과꽃마냥 부드러웠다. 태어날 때부터 짙은 속눈썹이 동그랗게 말린 게 정말 예뻤다. 아이가 웃기 시작하자 녹갈색의 두 눈은 황수정처럼 반짝였다. 매력이라는 것은 원래 묘사하기가 어려운 법이다. 하지만 어찌 된 일인지 엄마의 눈에는 아기가 커 갈수록 매력도 더 커 보인다.

동양에서는 아기가 태어나고 나서 한 달 동안은 다른 사람들에게 보여 주지 않는다. 사실 우리가 살던 지역의 농민들과 리수족은 아기뿐 아니라 산모도 출산하고 나서 4주 동안 가까운 친구조차 만나지 않았다. 하지만 존은 그런 관습의 장벽을 모두 타파했다. 그는 어디를 가든지 가장 먼저 사랑스러운 딸아이에 대한 이야기를 꺼냈다. 그리고 아기를 보러 오는 사람이면 누구든 상관하지 않고 보여 주었다. 아기가 곤히 잠들어 있어도 말이다.

어느 날 아침, 우리 부부는 아기의 중국 이름을 뭐라고 지을지 한참 고민하고 있었다. 그런데 누군가가 축음기를 틀었고, '놀랍다 주님의 큰 은혜'(Grace that is greater than all our sins)라는 찬송가가 흘러나왔다. '주의 은혜…'라는 노랫말이 귓가에 들려왔다. 그때 우리 부부는 이구동성으로 외쳤다. "바로 저거야! '하나님의 선하심을 기억하자'는 뜻에서 홍엔(Hong-En)이라 지읍시다. '큰 은혜'라는 의미를 담아서 말이야."

아기가 태어난 지 30일이 되었다. 그날 우리는 다리에 있는 예배당에서 하나님께 딸아이를 올려 드리며 유아세례식을 했다. 중국인 리 목사도 비슷한 시기에 딸아이를 낳았는데, 그 아기의 이름은 허엔(Heo-En)이었다. '하나님의 위대한 은혜'라는 뜻이었다. 부모들이 지켜보는 가운데 중국과 미국의 아기를 동시에 하나님께 올려 드렸다. 물론 우리는 딸아이를 위해 중국식으로 잔치를 했다.

그 귀여운 딸아이의 아빠는 12년 후에야 다시 한 번 아빠가 되는 기쁨을 누리게 되었다. 우리 부부는 캐스린의 친구가 되어 줄 둘째를 가지려고 꾸준히 노력했다. 하지만 두려움으로 가득한 격동의 역사를 거치면서 점차 그런 희망을 접어야 했다.

둘째 대니(Danny)를 임신했을 때는 불안감에 몸서리치던 시기였다. 그 당시 우리는 살원(Salween) 강 상류에 있는 거친 협곡 지역에 살고 있었다. 중일전쟁이 절정으로 치달아서 일본군이 강 건너까지 진군해

들어왔다. '병원에 간다'는 것은 전쟁이 끝날 때까지 집으로 돌아오지 못한다는 것을 의미했다. 우리가 살던 고산 지대로 되돌아오려면 중국정부로부터 통행 허가증을 받아야 했다. 하지만 여성과 뱃속에 있는 아기에게 허가증을 줄 가능성은 희박해 보였다. 우리가 살던 지역에서 벗어나면 그대로 다른 지역에 머물러야 했다. 그래서 나는 그 거친 협곡에서 굳건히 자리를 지켰다.

그러자 하나님께서 일하셨다. 다리 병원에서 근무하는 영국인 간호사 도로시 버로우스(Dorothy Burrows)가 휴가 기간에 우리 지역으로 봉사를 하러 왔다. 그녀는 휴가를 즐기는 대신, 리수족을 위한 사역을 하기 원했다. 중국인 게릴라군 대령이 그녀에게 통행 허가증을 발급해 주고 우리가 있는 곳까지 호위해 주었다. 주님께서 주관하지 않으셨다면 불가능한 일이었다.

둘째 아이를 임신했을 때도 본의 아니게 의사의 진료를 한 차례도 받지 못했다. 그러나 다행히도 경험이 많은 간호사가 돌봐 주었다. 하지만 출산과정이 결코 녹록하지는 않았다. 내 나이 마흔두 살이었다. 전문가의 기술이 필요한 일이 생길 수 있는 나이였고 그런 몸 상태였다. 1943년 8월 1일, 리수족이 주일 예배를 마치고 교회를 막 나설 때 우리 둘째가 세상에 나왔다. 우리가 살던 말리펑(Maliping, '참나무골'이라는 뜻) 주변 여러 동네의 주민들이 정오 예배에 참석했다가 우리를 축하해 주었다.

우리는 아들이 태어나기를 바랐다. 그 마음을 알았던 버로우스 간호사가 강보에 싸인 작은 아기를 내게 보여 주며 정말 기쁜 목소리로 말했다. "다니엘이에요!"

"이제 중국 사람들이 자녀 있냐고 물어보면, 아들딸 하나씩 있다고 대답할 수 있겠네!"라며 남편이 신이 나서 말했다.

그동안 남편이 사내아이가 없는 것을 무척 아쉬워했다는 것을 처음으로 느낀 순간이었다. 12년간 남편은 자녀가 있냐는 질문을 받으면, 어쩔 수 없이 "딸아이 하나 있다"고 대답했던 것이다.

남편은 자신의 팔에 고이 잠든 금발의 아기를 안고서 춤을 추었다. 그 모습을 보며 느꼈던 그 전율은 절대 잊을 수 없다! 그는 어디를 가든 아들을 데려가고 싶어 했다. 배구 경기도 같이 보러 가고, 산중턱으로 함께 산책도 갔다. 부자가 집으로 돌아올 때면, 그 작은 고사리 손에 엄마를 위해 꺾은 야생화가 한 줌 들려 있었다.

아이의 이름은 '하나님 앞에서 자신을 더럽히지 않기로 결단했던' 유대 선지자의 이름과 같다. 그 이름은 중국인과 리수족도 발음하기 어렵지 않았다. 중국어 성경에도 본래 이름과 비슷하게 다네이리(Da-nay-lee)로 쓰여 있다.

*빗방울 개수 세기

다리에서 사역을 하면서 여러 가지를 배웠지만, 무엇보다 으뜸은 '빗방울 개수까지 셀 정도로 정확하게 이야기하는 법'이다. 우리 부부의 결혼 1주년 즈음에 처음으로 후배 선교사들을 받게 되었다. 그들이 바로 어니스트 맨스필드와 윌 앨런이었다. 그 이후로는 우리 부부만 지낸 적은 한 번도 없다.

    그들을 맞이하기 위해 우리는 대대적인 준비를 했다. 존과 나는 본채의 큰 방을 사용하고 있었다. 비어 있던 동쪽 별채에서는 오랜 세월에 걸쳐 만들어진 멋진 산봉우리들이 보였다. 이 전경을 보고 있으면 우리 하나님의 권능과 변함없으심이 느껴졌다. 그 별채의 위층에 작은 방이 세 개 있었다. 어니스트와 윌이 하나씩 사용했고, 가운데 있는 방은 공동으로 사용하는 거실로 멋지게 꾸몄다.

그 시절은 굉장히 분주했다. 우리는 모두 함께 저녁식사를 하면서 언어 공부나 회심자를 위한 성경공부에서 벗어나 즐거운 대화를 나누곤 했다.

평소처럼 다 같이 모여서 저녁식사를 하던 어느 날이었다. 내가 한참 이야기를 하는데 남편이 내 말을 자르고는 잘못된 점을 지적했다. 다른 사람들 앞에서 말이다. 우리 부부가 함께 경험했던 일을 신나게 이야기하던 중이었다. 본격적인 이야기로 들어가기 전에 이처럼 배경 설명을 하고 있었다. "비가 억수같이 쏟아지고 있었어요." 그런데 내 말이 미처 끝나기도 전에 남편이 말을 잘랐다.

"내 기억으로는 비가 억수같이 쏟아지진 않았는데"라며 아주 단호하게 말했다. "당신은 항상 과장해서 말하는 버릇이 있어요. 그때 비가 오락가락하는 정도였지. 그렇지 않소?"

내가 하려던 재미있는 이야기를 그런 사소한 부분에서 트집을 잡자 너무 화가 났다. "글쎄, 내가 멈춰 서서 빗방울을 일일이 세어 본 건 아니라서요. 나는…."

"그렇게 해서라도 이야기를 있는 그대로 전해야 하는 거 아니오?" 고지식하기 짝이 없는 남편이 말했다. 그러더니 윌과 어니스트를 쳐다보며 말했다. "아내가 이야기를 할 때 가끔 부풀리곤 해. 나는 이소벨이 그런 습관을 고쳤으면 좋겠어."

나는 이야기를 할 때 진실을 말하려고 주의한다. 다만 분위기를 묘사할 때, 예술가들이 그림을 그리듯 어떤 부분을 좀 더 강조할 뿐이다. 하지만 내게 그런 습관이 있는지 잘 몰랐다. 그런데 남편은 이것을 용납하기 힘들었나 보다.

존은 일부러 내 화를 살살 돋우고, 윌과 어니스트는 재밌게 지켜보며 남편을 조금씩 거들어 주었다. 3대 1. 내가 이길 가능성은 없었다. '이야기를 있는 그대로 전하는 기술' 수업이 시작된 것이었다. 이처럼 극단적이고 힘겹게 말이다. 처음에는 남편만 내 말을 자르고 "빗방울 개수 세었소?"라고 물었다. 그런데 얼마 후부터는 다른 사람들도 내가 말하는 중간중간에 그 질문을 던졌다. 가령, 어느 날 저녁식사 시간에 나는 누군가의 이야기를 재미있게 각색했다. 그러자 윌과 어니스트가 웃으면서 말했다. "선배님! 그때 멈춰 서서 빗방울 개수 세셨어요?" 그러면 옆에 있던 다른 사람들이 웃어댔다. 늘 그런 식이었다. 이렇게 남자들의 공동전선(共同戰線)이 구축되었다!

결국 나는 굉장히 예민해졌고 마음에 상처를 입었다. 내 진실성이 공격을 받는 것 같았다. 그래서 저녁식사 때 여럿이 나누는 대화에서 자연스레 빠지게 되었다. 아마도 다른 사람들은 눈치 채지 못했을지도 모른다. 어쨌든 나는 더 이상 이야기를 하는데 열의를 보이지 않았다. 그 남자들이 너무 잔인하게 군다는 생각에 마음이 힘들었다.

하지만 지금 되돌아보면, 그때 그 일이 몇 년에 걸쳐 내 삶에 은근한 영향을 주었던 것 같다. 나를 단련하신 하나님께 감사드린다.

나는 대학에서 문학을 전공했다. 소설을 쓸 때는 상황을 더 생생하게 묘사하려고 특정 부분들을 강조한다. 하나님께서는 내가 사람들에게 '하나님의 역사하심'에 대해 이야기하도록 준비시키셨다. 그래서 내가 이야기를 할 때 사실에서 벗어나도록 두지 않으셨다. 나는 부정확과 오류를 범하지 않도록 엄격하게 배워야 했다. 그래서 그토록 가혹한 교습을 받았던 것이다. 그 가르침을 받아들이기는 결코 쉽지 않았지만 내게는 꼭 필요한 과정이었다.

그 당시 남편은 젊었고, "자기 집을 잘 다스"리는 일에 열의를 보였다(딤전 3:4). 그는 항상 내 글을 검사했고 세세한 내용까지 정확한지 확인했다. 특히 우리가 만든 회보를 확인할 때는 더욱 철저했다. 사역을 시작한 초창기에는 회보를 쓰는 게 너무 힘들었다. 한 글자 한 글자가 도전 그 자체였다. 그렇게 쓴 회보가 사람들에게 축복과 은혜를 안겨줄 리 없었다. 선교 소식지에 좀처럼 인용되지 않았고, 기도 후원자들 사이에서도 크게 회자되지 못했다.

어떤 사실에 상상을 가미해서는 안 된다. 그렇지만 상상은 사람의 마음 상태를 설명하는 데 중요한 역할을 한다. 요지에 충실하면서도 상상을 통해 어떤 장면을 재연해 보면, 그 대화 속의 인물들이 생명력을 얻는다. 그러나 나의 전담 비평가는 빨간 펜을 들고 이렇게 말했다. "그 사람이 이 단어를 사용했소? 빗방울 개수를 세어야지!"

이렇게 형편없는 작가 취급을 받으면, 나는 한숨을 내쉬며 말했다.

"여보, 내가 속기사인 줄 알아요? 사람들이 한 말을 어떻게 그대로 받아 적어? 그 대화에서 그 말이 나중에 전환점이 될지 누가 알겠어요. 이야기가 끝난 다음에야 알게 되지. 당신도 알겠지만 '대화'란 늘 그런 식으로 진행되는 법이잖아요."

그러자 남편이 답했다. "당신 말이 옳다고 합시다. 그러면 당신이 쓴 이 글은 그 대화에 대한 해설이라고 해야 하는 거 아닌가?"

나는 거의 울다시피 투덜거렸다. "그게 뭐야, 무슨 코미디도 아니고. 독자들은 단어 하나까지 그대로 기억해서 대화 내용을 기록할 수 없다는 것 정도는 안다고요. 내가 쓴 글은 대화의 결론을 그대로 옮겨 놓은 거예요. 그리고 질문과 대답이 요지에 맞는다면, 굳이 토시 하나까지 똑같을 필요는 없죠. 내가 글 중간에 '이 부분은 제가 흥미롭게 생각해 부각시켜 표현한 것입니다'라는 설명을 붙이면, 독자들은 글이 산만하다고 여긴다고요. 주인공에 대한 독자의 감정 흐름을 방해하는 것 밖에 안 돼요!"

아무리 절절하게 이야기를 해도, 남편은 **빨간** 펜을 과감하게 휘둘렀다. 상상이 가미된 부분은 처절하게 잘려 나갔다. 그는 몇 년이나 고집을 꺾지 않았다.

젊은 부부들 사이에서는 이와 비슷한 상황이 비일비재하게 일어난다. 부부가 서로를 참아 준다면, 하나님께서 직접 나서서 그들을 도와주신다.

나는 인내심을 갖고 남편이 하자는 대로 따라 주었다. 그러자 남편이 차츰차츰 깨달아 갔다. 다시 말해, 똑같은 상황이나 장면을 보더라도 사람마다 각기 다른 시각을 가질 수 있다는 것을 알게 되었다. 내가 다른 사람의 이야기를 듣고 아름다운 석양을 느낄 때, 그는 그럴 수 없었다. 그가 석양이 없다고 주장한 것은 아니었다. 다만 석양의 세부적인 것을 따지는 데 급급해서 미처 석양을 느낄 틈이 없었던 것이다.

또한 주님께서는 남편으로 하여금 내가 가진 은사, 즉 사람들에게 어떤 상황을 생생하게 전하는 은사가 있음을 깨닫게 하셨다. 그래서 언제부터인가 그는 저녁식사 자리에서 가족의 일화를 들려주고 싶을 때는 내게 부탁하곤 했다. 내가 상황을 묘사하면, 핵심이 더 생생하게 머릿속에 그려졌기 때문이다. 남편은 점차 내가 개성을 펼칠 수 있게 해주었다. 실제로 그는 빨간 펜을 예전보다 신중히 사용했다. 그러자 고국에 있는 친구들도 우리의 회보를 통해 받은 축복을 전해 오기 시작했다. 심지어 회보를 복사해 달라는 사람들도 생겼다.

다른 한편으로, 나는 부차적인 것에 대해 말할 때도 정확도를 높이는 데 신경을 쓰게 되었다. 나는 원래 이야기 속에 내포된 전체의 진실을 중요하게 생각했다. 주요 특징들을 생생하고 진실하게 설명하는 것으로 만족했다. 이야기의 배경에 대한 작은 것 하나까지 늘 정확하게 기억할 수는 없었기 때문이다. 결혼 전에는 그랬다. 그러나 하나님의 사람이라면 모든 사실을 토대로 글을 써야 한다는 것을 깨닫게 되었다. 이 고집불통의 남자를 통해서 말이다.

결과적으로 우리는 하나님께서 주신 각자의 은사를 인정하게 되었다. 지금도 남편한테 글을 검사 받을 때면 바짝 긴장하곤 한다. 여전히 '중요하지 않은' 부분에서 실수를 저지르기 때문이다.

부부는 사랑으로 서로를 참아 주어야 한다. 부부가 서로에게 온전히 적응하도록 주님께서 역사하시기까지 말이다.

많은 부부들이 그런 치열한 대립의 함정에 빠져 무너지고 만다. 결혼생활을 하다 보면 각자의 단점이 드러나게 마련이다. 배우자가 단점을 지적하고 고치려 들면, 지나치게 분노하거나 별로 대수롭지 않게 여겨 무시하고 만다. 그렇게 부부는 삐걱거린다. 그러다 다시 실수가 이어지면 서로를 향한 힐난이 더욱 격해진다. 심지어 가시 박힌 비난까지 서슴지 않는다. 그러면 원망과 논쟁이 격렬해지고 만다.

소설과 영화는 결혼에 대한 그릇된 이상을 심어 주고 있다. 그래서 청년들은 '인내와 참을성'을 각오하지 않은 채 결혼에 임한다. 당연히 용서나 인내하는 법도 배우지 않는다. 그래서 결혼생활이 난관에 부딪히면, 서슴지 않고 이혼을 유일한 탈출구로 선택해 버린다.

그것이 최악의 탈출구인지도 모르고 말이다! 누군가가 우리에게 큰 상처를 주었는가? 그렇다면 하나님께서 직접 그 사람의 잘못을 뉘우치게 하시도록 기도하자. 하나님께서 모든 일을 자비롭게 살펴주실 때까지 참고 기다리자. 그것이 바로 하나님께서 원하시는 탈출구다. 그러면 극과 극을 달리는 두 가지 천성이 결국 하나의 완전체로 다시 태어나게 된다. 정확성을 추구하는 열정과 다른 사람의 희로애락을 공감하도록 돕는 상상력이 합해지면서 두 배의 효과를 낼 수 있지 않았던가! 각자의 특성이 제 역할을 한다면 엄청난 시너지 효과를 낼 수 있다. 하지만 이 상반된 두 특징이 하나로 합해지기까지 오랫동안 상대방을 인내하고 용서해야 한다. 그 정도의 희생은 기꺼이 감수할 수 있지 않을까?

✻ 내키지 않은 임무

1931년 딸아이가 태어나기 몇 달 전이었다. 우리와 가장 가까운 바오산(Paoshan, 윈난성 서부에 있는 버마로드 연변의 마을) 선교지부에서 연락이 왔다. 특별 전도를 도와달라는 부탁이었다. '서쪽으로 가라!'는 부르심은 늘 우리를 흥분시켰기에 기꺼이 그 요청을 받아들였다.

여행을 할 때마다 존은 말을 타거나 걷고, 나는 가마를 타고 이동했다. 어느 날 오후에 우리는 한참 동안 산봉우리들을 돌고 넘었다. 나는 그날 밤 어디에서 묵어야 할지 고민이 되었다. 해가 뉘엿뉘엿 넘어가는데, 우리는 여전히 산악 지역을 헤매고 있었기 때문이다. 나보다 조금 앞서서 걷고 있던 존의 모습이 갑자기 보이지 않았다. 나는 가마에서 내려 걷기 시작했다. 그래야 가마꾼들의 걸음이 좀 빨라질 테니까. 존을 큰소리로 부르며 쫓아갔다. 하지만 아무런 대답도 들리지 않았다. 그러다 남편이 다른 산마루로 접어들기 전에 뒤로 돌아서서 내게 손을 흔드는 모습이 보였다. 나도 서둘러 산비탈을 올랐다. 그리고 모퉁이를 도는 순간 숨이 턱 막혔다.

산이 내 발아래에서 가파르게 꺼지다가, 다시 구릉 정도의 산으로 연결되었다. 이런 산들이 겹겹이 솟아 있었다. 마치 아래로 내려가는 거대한 계단 같았다. 그곳에 서서 보니 존이 한참 아래에서 걸어가고 있었다. 구릉에 빙 둘러 있는 길 위에 찍힌 작은 반점처럼 보였다. 그는 다른 구릉으로 막 내려가려던 참이었다. 남편은 뒤돌아서서, 내가 어디쯤 왔는지 살피다가 나를 보고는 손을 흔들었다.

산맥은 작고 푸른 골짜기로 이어졌다. 정말 아름다웠다. 우리가 있는 곳에서 600여 미터 아래에 위치한 그 골짜기에는 초록빛 대지를 가로지르며 개울이 흐르고 있었다. 마치 은색 리본처럼 말이다. 게다가 석양이 건너편 산비탈을 금빛으로 물들이고 있었다. 장관이 따로 없었다. 그 한쪽 편에 구릉이 층계를 이루며 솟아 있었는데, 내가 서 있는 곳에 이르러서야 비로소 끝이 났다. 나는 마치 가장 높은 곳에 서서 세상을 호령하는 것 같았다.

그곳이 바로 '영원한 평강'을 뜻하는 용핑(Yungping) 계곡이었다. 우리 일행은 서쪽 산 아래에 오밀조밀 모여 있는 작은 마을에서 묵을 계획이었다. 나보다 한참 아래에서 걷고 있던 존이 팔을 들어 신호를 보냈다. '서두르라'는 뜻이었다. 이 세상 어디에서도 만끽하지 못할 아름다운 전경과 아쉽게도 작별해야 했다. 해가 지고 있어서 부지런히 길을 가야 했다. 나는 풀로 뒤덮인 산비탈을 뛰다시피 내려갔다.

우리가 머물게 된 마을의 주민들은 대부분 무슬림이었다. 그날 밤, 저녁식사를 마친 우리는 옥외집회를 하려고 거리로 나갔다. 집회에 모인 사람들은 감동을 받기는커녕, 하나같이 냉랭한 얼굴과 무관심으로 일관했다. 존은 완전히 풀이 죽어 있었다.

작고 지저분한 여관에서 잠잘 준비를 하는데 존이 말했다. "이곳에 선교사들을 파송해 달라고 요청해야겠소. 그래야 이 평야 지역에 복음의 문을 열 수 있을 것 같아. 이곳에서 사역하는 선교사가 없으니 이 사람들이 제대로 된 설교를 들을 기회조차 없었던 거요. 이곳에 부임하는 선교사가 힘들긴 할 거요. 아마 프레이저 씨라면 이곳을 윌에게 맡길 것 같기도 하오." 위기상황에 잘 대처하는 윌 앨런이 적임자 같았다.

우리 마음속에는 그 정도 생각밖에 떠오르지 않았다. 프레이저 씨가 존과 내게 이 어려운 임무를 맡길 줄은 꿈에도 몰랐다.

프레이저 씨는 선교사들이 다리처럼 안정적으로 자리 잡은 곳에 머물도록 두지 않았다. 결국은 중국 그리스도인들이 그들의 교회를 이끌어 가야 한다. 윈난성 서부에는 아직 복음이 전해지지 않은 곳이 많았다. 그래서 '전진운동'(Forward Movement, 1910년부터 호주 장로교회 선교부를 필두로 미국과 캐나다 장로교회 선교부가 협력하여 시작한 전방개척을 위한 사역운동—옮긴이) 사역단이 마지막으로 왔을 때, 프레이저 씨는 우리에게 새로운 지역을 개척해 달라고 부탁했다. 바로 '영원한 평강'의 땅인 용평을 우리에게 맡긴 것이었다.

남편은 기가 꺾여 있었다. 그는 다리에서 사역하는 것을 매우 만족스러워했다. 다리 주변의 빈곤한 땅을 여기저기 다니고, 후배 선교사들이 첫 설교를 할 때까지 도와주는 것은 그에게 굉장히 즐거운 일이었다. 그런데 무심하기 그지없는데다 다가가기 어려운 무슬림들이 사는 계곡에 박혀 지내야 하다니! 그에게는 너무 가혹한 일처럼 느껴졌다.

하지만 나는 그 임무를 선뜻 받아들였다. 아름다운 그 평야가 마음에 들었고, 다시 주민들과 가까이에서 지내는 것도 싫지 않았다. 반면에 다리는 주요 여행경로 가운데 하나였다. 다리 선교지부의 안주인으로서 탐험가와 모험가를 비롯해 다른 선교사들을 만날 수 있어 꽤 흥미롭고 즐거웠지만 갑자기 서양인들이 들이닥치는 바람에 중국어 성경수업을 못한 적이 많았다.

필생의 사역을 하기에 충분히 넓은 그 땅을 생각하자 나는 행복했다. 넓긴 했지만 지나치게 광활하지는 않았다. 그리고 해 질 무렵이면 집으로 돌아와 깨끗한 침대에서 잘 수 있었다. 몇 날 며칠을 돌아다니며 여행하는 것을 싫어하는 내게는 얼마나 다행인가! 하지만 존을 생각하면 안타까웠다.

다리를 비롯한 그 주변 지역의 선교는 부흥하고 있었다. 하지만 축복이 우리를 떠나고, 고통이 우리를 내리치는 듯했다. 그즈음 우리는 신입 선교사 네 명을 받았는데, 나는 원인 모를 열병으로 쓰러지고 말았다. 쿤밍에나 가야 병원에 갈 수 있었다. 걸어서 2주나 걸리는 거리였다. 그래서 우리는 루스 콜쿤(Ruth Colquhoun, 나중에 맨스필드 부인이 됨) 간호사를 미투(Mitu)에서 불러왔다.

루스 간호사는 기꺼이 와서 나를 진찰해 주었다. 그녀는 이런 열병은 처음 본다고 했다. 열심히 의학 서적을 뒤적이더니, 내 증상들로 미루어 보아 흑수열(열대열 말라리아의 합병증 중 하나로 검붉은 혈뇨를 동반함)에 가깝다고 했다.

내 몸은 점점 쇠약해졌고, 존은 내가 죽을까 봐 노심초사했다. 존은 내 침대 곁에 무릎을 꿇고 하나님께 빨리 낫게 해달라고 기도를 드렸다. 그때 주님께서 존이 그동안 내켜 하지 않았던 새 임무에 대해 이야기하셨다. 남편은 애달프게 몸부림치다 결국 순종하기로 했다.

나는 차츰 호전되기 시작했다. 열은 내렸지만 내 몸은 여전히 쇠약했다. 심지어 걷는 법을 새로 배워야 할 정도였다.

제네바 주교였던 성 프란시스 드 살레(St. Francis de Sales)는 이렇게 말했다. "주님께서 주신 소명이 당신의 뜻과 다르다면, 당신과 주님의 뜻이 일치하는 경우보다 더 많은 용기와 힘을 가지고 그 일에 임해야 합니다."

우리에게 축복이 다시 흘러넘치기 시작했다. 주님께서 베푸시는 축복과 주님을 향한 순종은 분명 상관이 있다. 살아 계신 하나님께서는 우리 안에 가장 깊이 감춰진 마음까지 읽으신다. 겉으로 보기에 존은 그 임무를 감사하게 받아들이는 것 같았다. 동료 선교사들은 그의 모습을 보며 열성적이라고 생각했다. 하지만 존의 가슴 깊은 곳에는 달갑지 않은 마음이 있었다. 그 마음을 회개하고 진정으로 순종하자 긴장이 사라지기 시작했다.

우리 부부는 1930년부터 2년 반을 다리에서 지냈다. 은혜로운 시간이었다. 우리는 열 명의 후배 선교사들을 받았고, 그들이 첫 언어 시험을 통과하고 사역 부지를 임대하도록 도와주었다. 그리고 순전히 중국인들만 살고 있었던 평야지대인 용핑을 비롯한 여섯 개의 소도시에서 사역하도록 지원해 주었다. 다리를 비롯한 주변 지역의 많은 영혼들이 구원을 받았다. 이곳에서 존과 나는 필요한 언어 시험을 모두 통과했다. 그리고 우리 딸 캐스린이 태어났다.

✲ 용핑에서의 새로운 시작

용핑 평야 북쪽 끝에 쭈스창(Old Market)이라는 작은 읍이 있었다. 그곳에는 무슬림이 아닌 주민들도 살고 있었다. 존은 주님의 은혜로 강둑 부근에 자리한 낡은 집을 구할 수 있었다. 작은 뜰 주위로 건물이 세 채 있었고, 강 쪽으로 오솔길이 나 있었다. 수년간 묵은 때가 온 건물에 덕지덕지 묻어 있었고, 벽에는 그을음이 잔뜩 껴 있었다.

존은 그 집을 청소하고 손볼 것을 생각하자 앞이 깜깜했는지 힘들어했다. 그러나 나는 기대감에 차 있었다. 공간이 넓어서 다양하게 활용할 수 있고 강둑에서 홀로 사색하는 시간을 즐기는 것도 꽤 괜찮을 것 같았다. 나는 남편에게 자신 있게 말했다. "여보, 걱정하지 말아요. 내가 샐리랑 얼른 치울 수 있을 것 같아요. 다른 곳으로 변신시킬 테니 기대해요!"

샐리 켈리(Sally Kelly)는 우리가 가장 늦게 받은 젊은 사역자였다. 나중에 그녀는 결혼하여 스튜어트 하버슨(Stuart Harverson) 부인이 되었다. 그녀는 첫 중국어 시험을 준비할 때 우리와 함께 지냈는데, 스코틀랜드계 여성으로 나처럼 밴쿠버 출신이었다. 남을 배려하면서도 능력이 뛰어나고 헌신적이었다. 게다가 탁월한 유머와 재치로 늘 생기발랄했다. 친해질수록 더 마음에 드는 사람이었다.

하나님께서 두 명의 훌륭한 중국인 목수를 우리에게 인도해 주셨다. 부자지간인 이들은 우리 집을 열심히 손봐 주었다. 나무 마루와 창문도 설치하고 가구도 만들어 주었다. 그들에게 두 달 치 수고비를 지불해야 했지만, 우리는 그 돈이 전혀 아깝지 않았다. 상당히 괜찮은 가격에 집을 수리하고 가구까지 맞출 수 있었기 때문이다.

물론 가정부를 고용하는 일도 문제였다. 존은 용평에 가서 그 지역 사람을 고용해 가르칠 생각이었다. 하지만 우리가 용평으로 옮길 때 캐스린은 겨우 18개월된 아기였다. 한창 아장아장 걸어 다니는 시기인데다, 집 근처에 강이 있어서 더 주의해서 돌봐야 했다.

중국내지선교회 선교사들 가운데 먼저 자녀를 키운 선배들은 아이를 절대로 중국인 가정부 손에 맡기지 말라고 조언했다. 또한 불신자들과도 어울리지 못하게 하라고 경고했다. 어린 시절에 나쁜 말과 습관을 익히면 나중에 고치기 힘들기 때문이다. 그래서 나는 늘 우리 아이를 주의 깊게 살폈다.

우리 가정부 황 부인은 과부였다. 그녀에게는 외동딸이 있었는데, 아이의 이름은 '작은 진주'라는 뜻의 샤오주였다. 열세 살인 그 아이는 다소 버릇이 없었지만 굉장히 순수했고 우리 딸아이를 잘 돌봐 주었다. 그래서 용핑으로 옮길 때 그 모녀를 데려가고 싶었다.

하지만 존이 나를 말렸다. "알다시피, 나는 황 부인이 별로 마음에 안 드오."

나는 이렇게 대답했다. "여보, 나도 알아요. 그런데 우리가 그을음이 잔뜩 묻은 집을 청소하는 사이, 누군가는 시장에 다녀오고 요리도 하고 캐스린을 돌봐야 하잖아요. 우리가 이사하고 나서 2주 정도는 정신이 없어서, 새로운 사람을 가르치고 훈련시킬 여유가 없을 것 같아요."

"알았소. 당신이 내키는 대로 해요." 남편은 자상하게 말하더니 이렇게 덧붙였다. "나는 괜찮은데, 당신이 후회할까 봐 걱정이지." 나는 그 말이 끝나기 무섭게 그런 일은 없을 거라고 못 박았다.

이사하고 나서 황 부인은 그런대로 일을 잘해 주었다. 내가 집을 청소하고 정리하는 동안 분명히 큰 도움이 되었다. 그리고 샤오주 역시 캐스린을 잘 돌봐 주었다.

우리가 살 집의 가운데 채 아래층은 중국식 손님방과 식당으로 사용하고, 그 옆에 딸린 작은 방은 존이 서재로 사용하기로 했다. 그리고 위층의 블랙홀처럼 어둡고 긴 방은 우리 침실로 정했다. 목수가 그 방에 창문을 하나 만들어 줘서 우리는 그 방을 깨끗하게 정리하고 청소했다.

원래 그 방은 조상에게 제사를 지내는 용도로 사용되었다. 그래서 우상을 세워 놓는 긴 탁자가 벽 쪽에 있었다. 천장이 따로 없어서 지붕 안쪽이 훤히 보였다. 지붕 안쪽은 거미줄로 뒤덮여 있었다.

샐리가 머리에 수건을 두르고 탁자 위에 올라섰다. 빗자루를 손에 들고 지붕을 쓸어 볼 요량이었다. 그녀는 다소 호들갑스럽게 자세를 잡더니 팔을 바깥쪽으로 휘젓기 시작했다. 갑자기 당황한 목소리가 들렸다. "어, 어, 여기 좀…."

쾅! 집 전체가 흔들렸다. 그을음이 우리 몸 위에 잔뜩 내려앉았다. 그 순간 지구의 종말이 온 것은 아닌가 하는 생각이 들었던 나는 본능적으로 두 눈을 감았다. 다시 눈을 떴을 때는 그을음으로 뒤범벅이 된 누더기가 마룻바닥에 놓여 있었다. 그 순간 소름이 돋았다. 그 누더기 꼭대기에서 두 개의 하늘색 눈동자가 반짝였다. 샐리 켈리를 알아볼 수 있는 유일한 단서였다. 그녀는 영락없는 굴뚝 청소부 꼴을 하고 있었다.

우리는 그 탁자 다리에 금이 간 것을 모르고 있었다. 샐리가 탁자 위로 올라서자 와르르 무너지고 만 것이었다. 그 충격으로 집 전체가 흔들렸고, 본의 아니게 지붕 청소까지 단번에 끝나 버렸다. 몇 년간 고이 쌓였던 먼지가 우리에게 내려앉은 것이다.

먼저 샐리가 다친 곳이 없는지 확인했다. 그 다음 우리는 예상치 않게 지붕까지 말끔히 청소된 것을 알게 되었다. 우리 몸에 묻은 먼지를 다 털어낼 때까지 웃음이 멈추지 않았다. 그 이후로도 며칠간 폐가를 손보다 보니, 그런 일이 비일비재했다.

비누, 물, 표백제만으로도 집은 점존 근사하게 바뀌어 갔다. 물론, 이따금 손님이 찾아왔다. 그러면 우리 중 한 사람이 청소에서 빠지고 손님을 맞이하기도 했다.

이 상황만 미루어 보더라도, 이 지역에서 감당할 사역이 절대 만만하지 않으리라는 짐작이 들었다. 그러던 어느 날 오후, 대문 밖에서 시끌벅적한 소리가 들렸다. 깜짝 놀란 우리는 그 쪽으로 달려 나갔다. 사람들이 줄을 서서 우리 집 대문으로 걸어 들어오고 있었다.

소년들이 행렬 맨 앞에 서서 폭죽을 터트리며 들어왔다. "펑! 펑! 탕! 탕!"

"대체 무슨 일이지?" 존이 어리둥절한 채 중얼거리며, 그들을 맞으러 나갔다.

폭죽놀이가 끝나자, 쭈스창 주민 대표들이 한 줄로 걸어 들어왔다. 그들은 저마다 쟁반을 들고 있었는데 그 위에 선물들이 놓여 있었다. 주로 두꺼운 진홍색 비단을 말아 놓은 두루마리, 설탕 봉지나 차 같은 것들이었다.

존은 얼떨떨해 하면서도 아주 친절하게 그 사람들을 응접실로 안

내했고, 그들이 가져온 선물 쟁반을 받아들었다. 주민 대표들이 우리에게 환영 인사를 하려고 온 것이었다. 그들은 우리와 더불어 살아가고자 했다. 기독교 교회에 대해 들은 그들은 쿤 목사가 술과 담배를 하지 않는다는 것을 알았다. 그것이 바람직한 행동방식이니까! 그들도 단번은 아니지만 결국 그런 행동방식에 동의했다. 그리고 불교를 구식문화로 여기고, 더 현대적인 문화를 받아들이는 것이 현명하다고 깨닫고 있었다. 이를테면, 공제 조합 같은 것 말이다. 그들은 기대감을 갖고 일제히 존을 보며 활짝 웃었다.

그들에게 복음을 전할 좋은 기회가 될 듯했다. 물론 그 과정이 녹록하지 않으리라는 것쯤은 알았다. 존은 기독교가 그런 류의 모임이 아니라, 우리의 모든 죄를 용서해 주신 하나님과 인격적으로 만나는 것이라고 설명했다. 모든 사람은 죄인이라고 덧붙이면서 말이다.

그들은 동의한다는 뜻으로 "네, 네"를 연발하며 고개를 끄덕였다. 그러면서 이것이 쿤 목사가 술과 담배에 임하는 방식이겠거니 생각했다.

결국 남편이 한마디로 결론을 말했다. "하나님께서는 나 외에 다른 신을 섬기지 말라고 하셨습니다." 그러자 그들이 자기 생각을 말하기 시작했다. 내용은 이러했다. '물론 우상을 숭배하는 것은 낡은 사고방식이다. 우리는 쿤 목사가 말하는 대로 따를 수 있다. 그러나 쿤 목사가 우리에게 제사를 포기하라고 요구해서는 안 된다. 조상을 섬기는

것은 중국 문화의 근간이니까! 공자와 예수 그리스도가 공존하는 것도 가능하다. 그렇지 않은가?'

그들의 말을 듣고 나서 남편이 설명했다. "그리스도인은 하나님만 섬겨야 합니다. 다른 신은 물론이고 조상도 숭배해서는 안 됩니다. 조상은 하나님께서 만드신 피조물에 불과하니까요." 주민 대표들은 자신들이 들은 말을 믿지 못하겠다는 반응을 보였다. 그러자 존이 덧붙였다. "우리는 조상을 공경할 뿐이지, 숭배하지는 않습니다."

그들은 당혹감을 감추지 못한 채로 돌아갔다.

존은 정중하게 그들을 문 앞까지 배웅하면서, 더 논의하고 싶은 것이 있으면 언제든 오라고 친절하게 말했다. 그리고 우리 쪽으로 돌아서서 말했다. "요즘 내가 읽고 있는 책의 내용을 생생한 그림으로 본 것 같소. 캠벨 몰간(Campbell Morgan)의 『사도행전』(*The Acts of the Apostles*)에 보면 이렇게 나와 있거든. '사탄이 유혹할 때 사용하는 첫 번째 방법은 바로 우리에게 협조하는 것이다. 우리가 그 꼬임에 넘어가지 않으면, 사탄은 두 번째 방법을 사용한다. 우리로 하여금 힘든 고난을 겪게 하는 것이다'라고 말이오."

이후로 우리의 용핑 사역은 순탄하지 않았다. 우리 예상이 적중했다. 그러나 글을 읽거나 쓸 줄 모르는 농촌 아낙 몇 명이 주님을 구주로 영접했고, 글을 깨친 마후인(Ma Fu-yin)이라는 청년이 우리의 동역자가 되었다.

그런데 서른 살도 안 된 그 청년이 하늘나라로 갔다. 용핑의 작은 기독교 모임은 인도자를 잃어버렸다. 그러다 몇 년이 지나 공산당이 정권을 잡자 백인 선교사들은 모두 그 지역을 떠나게 되었다. 그때 한 중국 여성이 주님의 뜻에 이끌려 용핑으로 왔다. 교육을 받은 그 신여성은 오랫동안 복음의 씨를 뿌리고 기도로 물을 주면서 많은 결실을 맺었다. 작은 체구의 그 중국 여성이 이끄는 작은 교회가 용핑에서 크게 부흥했다.

다시 황 부인 이야기로 돌아가 보자. 용핑에 처음 이사왔을 때는 그녀가 우리에게 큰 도움이 되었다. 하지만 신입 선교사들이 오자, 황 부인의 옛 버릇이 다시 나왔다. 게으름을 피우기 시작한 것이다. 찬거리를 제때 사다 놓지 않거나 식사를 충분하게 준비하지 않는 경우가 다반사였다. 내가 말하기 전까지는 빵을 만들지 않을 때도 많았다. 간혹 빵을 너무 조금 만들기도 했고, 반죽을 너무 늦게 해서 빵이 미처 부풀지도 않았다. 그럴 때면 우리는 식사를 건너뛰어야 했다. 마치 나 혼자 살림을 하는 것처럼 여기저기서 일이 터졌다. 황 부인은 점점 골칫거리가 되어 갔다.

결국 나는 황 부인에게 해고를 통보할 수밖에 없었다. 그러자 그녀는 터무니없는 것들을 요구했다. 다리까지 타고 갈 가마 삯과 혼자 가기 무서우니 안전하게 데려다 줄 사람을 붙여 달라고 했다. 심지어, 딸 아이의 가마 삯까지 내 달라고 했다. 짐꾼들에게 줄 삯도 우리에게 부담시키려 했다. 그녀의 논리에 따르면, 내가 자신을 데려왔으니까 다리로 돌아갈 때도 책임을 져야 한다는 것이었다. 황 부인은 우리 부부가 감당할 수 없는 조건들을 제시했다. 결국 우리는 울며 겨자 먹기로 그녀를 데리고 있어야 했다. 하지만 그녀의 행실은 전혀 나아지지 않았고, 오히려 더 나빠졌다. 싸움닭마냥 여기저기 다니면서 사람들과 다퉜다. 게다가 해야 할 일은 소홀히 했다. 결국 그녀가 미룬 일은 모두 내 차지가 되었고, 나는 그런 일에 매여 골골 앓았다.

나는 이 일을 주님께 내어 놓고 간절히 매달렸다. "하나님 아버지, 존의 충고를 듣지 않았던 제 잘못입니다. 회개합니다. 남편은 제가 후회할까 봐 걱정했습니다. 이제 와서 보니, 황 부인은 전혀 도움이 안 됩니다. 황 부인이 그만두면 좋겠는데, 제 뜻대로 할 수 없습니다. 하지만 주님께서는 능히 하실 수 있습니다. 주님, 도와주세요!"

하나님께서는 즉시 응답하시지 않았다. 나는 황 부인으로부터 벗어나기 위해 매일 기도했다. 3개월 정도 흐른 어느 날 드디어 자유가 찾아왔다.

황 부인은 주변의 모든 사람들과 다퉜다. 그녀와 사이좋게 지내는 사람이 아무도 없었다. 이웃들은 그녀에게 화를 냈고, 시장 아낙들은 그녀에게 등을 돌렸다. 그러자 그녀의 심술보가 더 커졌다. 그녀는 자기 잘못을 인정하지 않았고, 오히려 다른 사람들이 비열하고 나쁘다고 생각했다. 이유가 어떻든, 모든 사람이 그녀를 싫어하고 기피했다.

그러자 황 부인 역시 마음이 불편했을 것이다. 그러던 어느 날 그녀는 우리 집을 떠나기로 결정했다. 다리에서 말을 타고 왔다가 돌아가는 사람들을 우연히 만나게 된 그녀는 삯을 내고 말을 얻어 타고서 다리로 돌아가게 되었다.

정말 기적과도 같은 일이었다.

샤오주는 흐느껴 울었다. 사실 그 딸조차 엄마와 같이 지내는 것을 힘들어했다. 그 아이는 우리와 함께 지내고 싶어 했다. 우리는 그 아이에게 캐스린의 보모가 되어 주겠느냐고 제안했다. 황 부인은 기꺼이 그 제안을 받아들였다. 앞으로 생활비를 마련할 방법도 막막하고 자신의 미래도 불안했던 그녀였기에 가능했으리라. 아침이 되자 황 부인은 혼자 길을 떠났다.

온 가족이 이를 기념하고자 봄맞이 대청소를 하기로 했다. 사실, 쓸고 닦는 것은 황 부인의 몫이었다. 하지만 다른 일들처럼 그 일도 제대로 하지 않았다. 우리는 집을 완전히 다시 정리하고 청소했다. 존이 기념사진을 찍자고 제안했다. 우리는 다 같이 머리에 수건을 두르고, 빗자루와 쓰레받기, 양동이를 들고 사진을 찍었다. 우리 모두 젊었기에 그 시절을 그처럼 신나고 재미있게 보낼 수 있었으리라!

그 후로 몇 년이 지나면서, 샤오주는 용핑 사역에서 보석으로 거듭났다. 그 아이는 주님의 자녀임을 고백하고 세례를 받고자 했다. 그때까지 우리는 용핑에서 세례를 베풀지 않았다. 신앙 고백만 듣는 것이 아니라 신실함을 확인하고 진실된 믿음을 가르친 후 세례를 주기로 했기 때문이다.

존은 강에서 세례식을 하기 딱 좋은 장소를 골랐다. 다 괜찮은데 분주한 시장통에서 빤히 내다보인다는 것이 한 가지 흠이었다. 그래서 사람들이 활동하기 전 이른 아침에 세례식을 하기로 했다.

그러나 어디든 부지런한 사람들이 있다. 그날 아침, 강 맞은편에 사는 중국인 아낙이 문을 열고 나오다 모든 것을 목격하고 말았다. 강 건너편에 사는 백인 남자 집에서 사람들이 줄지어 나오는 것이 그녀의 눈에 들어왔다. 큰 키와 건장한 체구 덕분에 맨 앞에 서 있는 쿤 목사를 한눈에 알아보았다. 그 뒤로 샤오주, 쿤 목사의 아내, 켈리, 양부인, 그리고 중국인 그리스도인 몇 명이 따라 나왔다. 쿤 목사와 샤오주가 강으로 들어갔고, 다른 사람들은 그냥 강가에 서 있었다. 그런데 쿤 목사가 그 아이를 잡고 물 아래에서 살살 흔들었다.

그 중국인 아낙은 샤오주가 목숨을 건진 것까지만 확인한 다음, 뒤뚱뒤뚱 이웃집으로 걸어가 자신이 목격한 이 놀라운 이야기를 알렸다. 삽시간에 퍼진 그 이야기로 온 시장이 떠들썩했다.

개중에는 용기를 내어 우리 집에 와서 묻는 사람들도 있었다. "샤오주가 어떤 잘못을 했기에 그리 심한 벌을 주셨나요?" 우리는 기독교 세례식에 대해 친절하게 설명해 주었다. 모든 사람이 납득하지는 않았다. 하지만 몇 사람은 우리가 하는 말을 이해하고 믿었다.

나중에 샤오주는 교사의 아내가 되었다. 『나락 위의 둥지』(Nests Above the Abyss)에 등장하는 양 부인이 바로 그녀다. 그녀는 환난 중에 승리를 알아가는 경건한 여인이자 영적 승리자로 성장했다. 샤오주를 만난 것만으로도 용펑에서 보낸 2년은 매우 가치 있고 보람된 시간이었다.

*잃어버린 우비

용핑에서 사역한 지 1년 정도 흘렀을 때 감독관으로부터 한 통의 편지를 받았다. 존에게 몸이 아픈 선교사를 쿤밍까지 데려가 달라고 부탁하는 내용이었다. 그 당시 나도 요통과 두통으로 시달리던 터라, 함께 가서 진료를 받기로 했다.

  우리는 가마를 타고 이동했는데, 해 질 무렵에 도착하는 산골 마을에서 묵었다. 그런 산골에 좋은 숙박시설이 있을 리 없었다. 어두컴컴하고 지저분한 여관에서 보내는 밤은 정말 곤욕스러웠다. 그래서 날이 밝는 대로 다시 길을 나서곤 했다. 정오가 되면 음식을 파는 곳을 찾아서 식사를 했다. 주로 쌀밥에 야채나 고기를 먹었다. 식탁보도 깔지 않은 나무 탁자에서 음식을 먹고 있으면, 우리 발밑으로 닭이나 개들이 우글우글 모여들었다. 혹시 바닥에 떨어지는 음식 부스

러기가 있으면 주워 먹으려는 것이었다.

캐스린의 두 번째 생일 즈음 우리는 쿤밍에 도착할 예정이었다. 이제 겨우 두 돌인 아이를 지저분한 곳에 오래 머물게 하고 싶지 않았다. 그래서 볼일을 마쳤다 싶으면 서둘러 가마에 태워서 길을 떠났다. 그러던 어느 날, 그 엇비슷한 곳에서 점심을 해결하고 서둘러 길을 나섰다. 그러다 보니 우비 챙기는 것을 깜박해 버렸다.

우리는 가파른 산꼭대기 마을에서 점심을 먹었다. 식사를 마치고 오후 내내 산 반대편 비탈길을 걸어 내려왔다. 아래로, 또 아래로, 끊임없이 걸었다. 주위에 보이는 것이라고는 산봉우리들과 산마루들뿐이었다. 나는 그 절경에 흠뻑 취해 있었다. 그러다 굽이치는 개울이 흐르는 작은 골짜기를 지나게 되었다. 그곳을 지나 다시 산을 올랐다. 그리 높지는 않았다. 몇 분간 그 낮은 산길을 빙 둘러 모퉁이를 돌자, 마을 하나가 나왔다. 황리엔푸 마을이었다.

마을의 길 양옆으로 진흙이나 나무로 지은 집들이 800미터가량 쭉 늘어 서 있었다. 그것이 전부였다. 우리가 머무를 곳을 찾아야 했다. 근사한 곳은 기대하지도 않았다. 어디를 가든지 그나마 깨끗하고 악취가 덜한 곳을 찾는 것이 관건이었다. 숙소를 정한 우리는 밤이 늦기 전에 이부자리를 깔았다.

숙소에서 짐을 풀고 정리를 하던 중에 갑자기 우비가 생각났다. 낮에 들렀던 곳에 놓고 온 사실을 그제야 깨닫게 되었다. "존!" 나는 소리를 지르며 쏜살같이 남편에게 달려갔다. 그리고 피곤에 지친 남편을 붙잡고 매달렸다. "내 우비를 놓고 왔어요. 아침에 가랑비가 내렸잖아요. 그래서 우비를 들고 점심을 먹으러 갔는데. 아직 그리 늦은 시간은 아니잖아요. 그러니까 당신이…."

"아니! 그럴 수 없소." 남편은 내 말을 끊고 버럭 소리를 질렀다. 그는 매우 지친데다, 아직 짐꾼들과 흥정도 마무리 짓지 못한 상태였다. 아무래도 이 짐꾼들은 후한 팁, 소위 떡값을 기대하는 듯했다.

사실, 그 먼 길을 걸어 산까지 되돌아가 우비를 찾아오라고 남편에게 부탁할 생각은 아니었다. 우리 일행 가운데 마후인이라는 중국 청년이 있었는데, 그에게 수고비를 주고 부탁할 계획이었다. 이런 산속에서 태어나고 자란 마후인이라면 그 정도의 산행은 거뜬하지 않겠는가! 그 우비는 내게 아주 특별했다. 예전에 사용했던 것들보다 비쌌지만, 아버지의 권유로 구입해 7년간 사용한 우비였다.

"존, 정말 잃어버리고 싶지 않아요." 나는 흥분해서 열을 내며 말했다. "그 우비 정말 비싸단 말이에요. 누가 가든 다시 가져와야 해요. 마후인을 보내면 안 될까요?"

하지만 존 역시 그 청년의 도움이 필요했다. 가마꾼들을 달래는데 마후인이 큰 힘을 보탤 수 있었다. 존이 아주 짤막하게 대답했다. "아니, 그 친구를 보낼 순 없소." 완전 고집불통 그 자체였다. 남편이 고집쟁이 얼굴을 하면, 아무리 말해 봤자 더 이상 소용없었다.

"그럼, 내가 다녀올게요. 딸아이나 잘 돌보고 있어요." 나는 그 말만 남기고 여관을 뛰쳐나와 왔던 길로 되돌아갔다. 화가 치밀어 올랐지만 그 비싼 우비를 생각하면서 마음을 다독였다.

산길을 따라 걷다가 개울 쪽으로 내려갔다. 햇살이 내 어깨 위에 따뜻하게 내려앉았다. 건너편 산의 가파른 길이 한눈에 들어왔다. 우리 일행이 점심을 먹으려고 잠시 머물렀던 그 마을은 어디에 숨어 있는지 도통 보이지 않았다. 하지만 나는 그 산꼭대기 어딘가에 있다는 것을 알고 있었다. 그런데 그 마을은커녕 산기슭까지도 얼마나 먼 길인지 까맣게 잊고 있었다.

어느덧 해가 지고 있었다. 윈난성의 황혼은 그리 길지 않다. 순식간에 밤이 찾아올 것이다. 나는 온 힘을 다해 급경사를 오르기 시작했다. 급기야 숨이 턱턱 막혀 왔다. 낮에 그 길을 내려올 때는 수월한 편이었다. 하지만 오르는 게 이리 힘들 줄은 미처 몰랐다. 땅거미는 어느새 짙은 어둠으로 바뀌었다. 나는 아직도 그 길을 오르느라 애쓰고 있었다.

너무 지친 나머지 앉아서 숨을 고르고 있는데, 내가 앉아 있는 곳 위쪽 어디선가 바스락거리는 소리가 들렸다. 순간 등골이 오싹했다. 나는 아직 더 가야 할 길을 올려다보았다. 이제 겨우 그 길의 초입에서 나는 힘겨워하고 있었다. 걸어온 것보다 가야 할 길이 더 많이 남아 있었다. 지금쯤 우리 일행은 황리엔푸 여관에서 저녁을 먹고 있겠지? 나는 너무 배가 고팠다. 눈앞에서 음식이 아른거렸다. 하지만 나는 돈 한 푼 챙기지 않고 길을 나서 버렸다. 그 산꼭대기 마을에 도착한다고 해도 숙박료나 음식값을 치를 돈이 없었다. 계속 가는 것은 미친 짓이나 다름없었다. 내 잘못을 인정하고 되돌아가야 했다.

그때 마음속에서 한 음성이 들려왔다. "2년 전에도 너는 지금처럼 흥분했었다. 네게는 애석한 일이었겠지만, 그때 너는 다시는 그러지 않겠다고 내게 약속했단다."

"네, 주님. 하지만 남편은 값비싼 제 우비를 그냥 잃어버리게 방치하고 있어요!" 나는 여전히 나 자신을 옹호하며 내가 옳다고 여겼다. 그러자 주님의 음성이 더 이상 들리지 않았다.

나는 녹초가 된 몸을 이끌고 얼른 황리엔푸로 발걸음을 돌렸다. 날이 많이 어두워진 데다 험준한 산에 혼자 있으려니 온몸에 긴장감이 감돌았다. 황리엔푸 산길을 힘겹게 오르고 있는데, 저 멀리서 이리저리 흔들리는 불빛이 보였다. 두 남자가 랜턴을 들고 내 쪽으로 걸어오고 있었다. 존과 마후인이었다. 나는 안도의 한숨을 내쉬었다. 너무 기뻤다.

"여보, 당신 찾으러 왔소." 남편이 자상한 목소리로 말했다.

"고마워요. 존, 정말 고마워요. 그런데 우비는 못 찾았어요. 너무 힘들어서."

"걱정하지 마. 마후인이 내일 아침 일찍 찾아다 준다고 했소. 물론 수고비는 줘야지. 저 친구라면 우비를 찾아올 거요. 당신, 배 많이 고프겠군!"

남편은 사랑과 다정함으로 나를 맞아 주었다. 나는 이 일을 통해 교훈을 하나 얻었다. "나는 존의 마음을 움직일 수 없지만, 주님께서는 하실 수 있다." 앞으로 살아가면서 의견 차이가 생길 때마다 이 교훈을 떠올리리라. 깨달은 것이 하나 더 있었다. 피곤에 지치고 굶주린 사람이 부정적인 반응을 보여도 흥분할 필요가 없다는 것이다. 하지만 나는 어리석게도 그런 부정적인 반응에 흥분하고 말았다. 존이 자기 문제를 해결할 때까지 기다렸다면, 그는 합리적인 방법을 강구했을 것이다.

또한 성급한 행동도 경계해야 한다는 것을 배웠다. 아일랜드인 기질이 있는 나는 걸핏하면 그런 행동을 저지르곤 했다. 신중한 남편은 그런 행동을 골칫거리로 여겼다. 성급하고 충동적인 행동의 결말은 항상 굴욕과 실패일 뿐이니까.

* 힘겨운 날

 어느덧 1년이 흘렀다. 용핑 사역을 후배 선교사들에게 맡길 수 있는 길이 열리게 되었다. 우리가 쿤밍에서 돌아올 때 두 명의 젊은 여성 선교사와 함께 왔기 때문이다. 이제 우리는 리수족 사역에 더 매진할 수 있게 되었다.

 리수족이 사는 지역에서 지내는 것은 여간 어려운 일이 아니었기에 프레이저 씨는 우리가 앞으로 살게 될 곳으로 답사를 다녀오라고 권했다. 우리가 파송될 말리핑 지역에서는 레일라 쿡(Leila Cooke) 선교사가 혼자 사역하고 있었다. 그녀의 남편 앨린 쿡(Allyn Cooke)은 거기에서 6일 정도 걸리는 협곡에서 새로운 사역지를 개척하여 하나님의 말씀을 전하고 있었다. 말리핑 지역 성도들은 아편 재배를 강요받아 힘들어하고 있었다. 하지만 존 같은 백인 남성 선교사가 그 지역에서 사역하게 된다면, 영주에게 그런 박해가 불법임을 환기시킬 수 있을 터였다. 그래서 존과 나는 떠날 준비를 했다.

세 살짜리 딸아이는 용평에 두고 가기로 했다. 후배 여성 선교사들이 돌봐 주기로 했다. 그중 한 사람은 간호사여서 더욱 신뢰가 갔다. 우리는 아이를 제대로 돌봐 줄 사람들이 있었으므로 한 달 정도 말리핑에 가 있기로 했다. 그 후배 선교사들을 신뢰했지만, 어쨌든 엄마로서 내 마음은 갈기갈기 찢기는 것 같았다. 나는 울면서 용평을 떠났다. 이처럼 나는 연약한 사람이었다.

반면 남편은 강인하고 능력도 뛰어난데다 젊기까지 했다. 스물여덟에 불과했으니까. 그래서 그리 힘들어하지 않았다. 우리는 다시 신혼여행을 가는 기분으로 산길을 걸었다.

우리는 메콩 강 골짜기를 지나는 경로를 선택했다. 메콩 강은 윈난성 북서부 살원 강과 나란히 흐르고 있었다. 상당히 오랫동안 걸은 후에야 작은 마을이 나왔다. 그곳에는 변변한 여관이 없었다. 그래서 여행자들은 마을에서 가장 부유한 사람의 큰 토담 농가에서 민박을 했다. 그곳 역시 더럽고 지저분하기는 마찬가지였다. 우리는 '세상에서 가장 지저분한 여관'이라는 별명을 붙였다. 그 곡물 저장고 위층에 우리는 몸을 뉘였다.

존이 말했다. "내일은 정말 높은 산을 올라야 해! 우리가 다녀 본 산들 중 가장 높을 거요. 늦어도 아침 6시에는 출발해야 해요. 오전

내내 오르막길을 걸어야 하지만, 일단 산 정상에 오르면 입이 딱 벌어질 거요. 경치가 정말 예술이거든. 마치 한 폭의 그림 같을 거요. 거기서는 살윈 강이 있는 산맥도 보이오. 이소벨, 내일이면 우리 눈으로 직접 리수랜드를 볼 수 있소!"

리수족 이야기를 처음 듣고서 그들에게 복음 전하는 것을 소명으로 삼은 지 어느덧 10년이 흘렀다. 이제 내일이면 그 고산지대를 보게 된다니! 그저 멀리서 바라보는 것인데도 설레는 마음을 주체할 수 없었다.

다음 날 아침 일찍 나는 잠에서 깨어났다. 밤새 설사와 배탈에 시달려서 괴로웠다.

존이 짜증 섞인 목소리로 말했다. "이소벨, 이곳에서 하루 더 머물러야 한다는 말은 하지 마오!"

나는 대답했다. "하룻밤 묵고 나서 병에 걸렸어요. 내일 밤까지 여기 있다가는 다른 병에 걸릴지도 모른다고요. 그러니 어서 출발해요."

"살윈 강까지 가는 길은 굉장히 힘들 거요!" 존이 신음 소리를 내며 말했다. "여보, 아무것도 못 먹어서 속이 비었잖아. 이질에 걸렸을지도 모르는 상태에서 그런 험한 길을 갈 수 있겠소?"

"이렇게 지저분한 곳에서 하루를 더 쉰다고 몸이 좋아질 리 없어요. 그거 하나는 분명해요." 나는 소리 높여 말했다. "말안장 위에 앉혀 줘요. 그냥 앉아 있기만 하면 괜찮을 것 같아요!"

그래서 우리는 출발했고 산꼭대기까지 구불구불하게 난 길을 따라 걸었다. 오전 10시쯤 되자 원주민이 사용하던 폐가에 도착했다.

존이 걱정스레 말했다. "이소벨, 코코아 한 잔 타 줄게. 여기 서 있을 수 있겠소?"

몸이 으슬으슬 추웠다. 게다가 너무 지쳐서 쓰러질 지경이었다. 그러던 중 말에서 내려 잠시나마 쉴 수 있다는 말을 들으니 반가웠다. 존이 피워 놓은 모닥불의 온기가 너무 좋았다. 그리고 따뜻한 음료로 빈속을 달래니 더 좋았다. 그렇게 코코아로 배를 채운 우리는 다시 길을 떠났다.

메콩 강 쪽으로는 짙은 숲이 우거져 있었다. 산 높이에 따라 각양각색의 나무 군락이 형성되어 있었는데, 그것을 살펴보는 것도 하나의 재미였다. 아래쪽 산비탈에서는 솜털 같은 대나무 숲을 지나왔다. 기다란 대나무들이 바람에 이리저리 흔들려 숲은 온통 사각거리는 소리로 가득했다. 조금 더 올라가자, 키 큰 소나무들이 우리를 반겼다. 꼭대기를 살살 흔들고 있는 이 나무들은 큰 키만큼이나 높은 경외심을 우리에게 안겨 주었다. 산을 더 높이 오를수록 더 크고 더 오래된 나무들을 만날 수 있었다. 이름조차 모르는 나무들이었다. 심지어 덩굴이나 이끼 또는 양치식물을 걸치고 서 있었다. 커다란 나뭇가지에는 올가미와 밧줄처럼 생긴 덩굴들이 걸려 있었는데, 그 길이가 족히 6-15미터는 될 듯했다.

울창한 숲 안쪽에는 햇살이 거의 닿지 않아서 점차 한기가 느껴졌다. 말안장 위에만 앉아 있겠다는 약속을 지키기가 여간 어려운 게 아니었다. 오한이 들었고 온몸이 뻐근하고 쑤셨다. 기운이 다 빠져서 머리 하나 지탱할 힘이 없었다. 머리가 이리저리 흔들려도 어떻게 할 수가 없었다. 온 신경을 집중해 머리를 똑바로 세우게 해달라고 기도해야 할 지경이었다. 걱정스러운 눈길로 나를 바라보던 남편은 이제 고지가 멀지 않았다며 기운을 북돋아 주었다.

마침내 나를 태운 말이 앞으로 돌진해 암붕(岩棚)을 뛰어넘어 평탄한 장소에 멈춰 섰다. 말은 안도감을 느끼며 몸을 파르르 떨었다. 마치 이 세상의 정상에 오른 것처럼 느끼는 듯했다.

태양이 환영의 인사를 건네듯 따뜻한 온기로 우리를 흠뻑 적셔 주었다. 반대쪽 산을 바라본 나는 깜짝 놀랐다. 그쪽에는 키 큰 수목이 하나도 없었다. 메콩 강 쪽의 산비탈은 키 큰 나무들로 빼곡했는데, 건너편의 가파른 산비탈은 왜소한 참나무나 진달래 수풀로 뒤덮여 있었다. 그렇다고 절경이 망가지지는 않았다. 아주 장관이었다. 우리가 서 있는 곳에서 아래쪽을 바라보니, 작은 집이 눈에 띄었다. 실제로는 꽤 커다란 농장이었지만 콩알만큼 작게 보였다.

존이 기뻐하며 말했다. "이소벨, 저 아래에 있는 큰 농가가 보이오? 저기서 저녁을 먹으면 되겠군. 조금만 더 힘을 냅시다. 어? 저기 봐요!" 존이 아득히 먼 곳을 손가락으로 가리켰다. 짙은 보랏빛 산봉우리들이 지평선을 따라 파도처럼 물결치며 이어져 있었다. "저기가 바로 리수앤드요! 저 봉우리들은 살윈 강 유역의 산들이고. 내일 밤이면 우리가 저기 있겠지."

정말 멋진 전경이 펼쳐져 있었다. 그 자리에 가만히 서서 한없이 바라만 보고 싶었다. 하지만 이미 정오였다. 저 아래에 있는 농가까지 가려면 아직 한참을 가야 했고, 그 전에는 음식을 먹을 만한 곳이 없었다. 우리는 열망의 눈빛을 주고받은 뒤 계속 산을 내려갔다.

결국 오후 3시가 넘어서야 첫 식사를 할 수 있었다. 의도하지 않았지만, 굶다 보니 그날 아침 나를 괴롭히던 배탈과 설사가 다소 진정된 듯했다.

그리 늦지 않은 오후였고, 햇살도 눈부시게 반짝이고 있었다. 이런 상황에서는 존의 젊은 혈기를 막을 수 없었다. 존이 점심을 해결한 농가 주인과 이야기를 나누더니 내게 와서 말했다. "이소벨, 여기서 묵을 생각은 아니지? 산을 내려가려면 아직 한참이나 남았잖소! 물어봤더니 다음 마을까지 그리 멀지 않다고 하더군. 산기슭까지 내려가서 4리 정도만 더 가면 되나 보오. 우리 좀 더 가서 다음 마을에서 묵는 거 어떻소? 거기에서 하루 정도면 살윈 강에 다다를 수 있을 테니. 하지만 여기서 묵는다면, 내일 중으로는 살윈 강까지 못 갈 거요!"

안타깝게도 존은 그 농가 주인의 사투리를 잘못 알아들은 것이었다. 순수 중국인이 아니었던 그 사람이 30리라고 말했던 것을 존은

3-4리라고 오해하고 말았다. 우리가 처음에 다리로 갈 때와 비슷한 상황이 벌어졌다.

　3-4리라면 1.5킬로미터 정도 된다. 한 시간쯤 걸으면 다음 마을에 도착하고도 남으리라. 그래서 나는 순순히 남편의 의견에 동의하고 다시 길을 나섰다.

　산 중턱까지 내려온 우리는 바위를 돌고 굽이굽이 난 길을 따라 걷다가 산골짜기 아래로 갔다. 개울이 흐르는 소리만 요란할 뿐 사람이 살고 있는 흔적은 어디에도 보이지 않았다. 두 시간이 흘렀지만 우리는 여전히 바위투성이 길 위에 있었고, 햇살은 사그라지고 있었다. 게다가 비까지 내리기 시작했다.

　내 우비는 어느 짐 보따리 속에 들어가 있는 모양이었다. 비가 차양 달린 모자를 타고 흘러내려 금세 온몸이 홀딱 젖어 버렸다. 존은 걷고 있었고, 나는 말을 타고 있었다. 아무리 눈을 씻고 찾아도 마을은 보이지 않았다. 시계는 어느새 오후 6시를 가리키고 있었다.

　"우리 아내, 안쓰러워 못 보겠네." 존이 미안해하며 말했다. "말에서 내려 나와 함께 걷는 게 어떻겠소? 적어도 혈액순환이라도 되면 몸에 열이 좀 나지 않을까 싶은데."

　"여보, 너무 피곤해서 걷는 것은 무리일 것 같아요. 미안해요. 당신 말대로, 나 지금 너무 춥고 온몸이 뻐근하고 기운이 하나도 없어요. 도대체 마을은 언제 나오는 거야?"

"내가 그 농가 주인의 말을 잘못 알아들었나 봐. 정말로 미안하오. 3리가 아니라 30리라고 말했나 봐요. 당신도 알겠지만, 순수 중국인이 아니면 발음이 조금 이상하잖소. 이제 곧 도착할 것 같은데. 그 사람이 30리라고 말했어도, 도착해야 할 시간이니까."

7시가 다 된 시각이었다. 산 하나를 다 오른 우리는 마침내 드넓은 마을과 만나게 되었다. 정말 기뻤다. 존이 나를 커다란 흙집으로 데려갔다. 살림이 넉넉해 보이는 집주인에게 우리 사정을 조곤조곤 설명하자 우리에게 방을 내주면서 진심 어린 호의를 베풀어 주었다. 그들이 난로에 나무를 넣고 불을 피웠다. 난로에서 나오는 온기 속에서 내 몸이 호사를 누렸고, 젖은 옷가지도 바싹 말랐다. 잠시 후 집주인은 내게 따뜻한 차를 권했고, 잘게 부순 호두를 넣고 끓인 설탕물과 맛있는 중국식 밥상을 내왔다. 그렇게 두어 시간을 보내자 나는 완전히 새사람이 된 것 같았다.

나는 그 농가 사람들이 처음 본 백인 여성이었다. 잠시 후 온 마을 사람들이 나를 보려고 그 집으로 몰려들었고, 수많은 질문을 쏟아 냈다. 이 좋은 기회를 그냥 놓칠 남편이 아니었다. 존은 사람들에게 열심히 복음을 전했다.

※ 동화나라에서 보낸 순간

다음 날 아침, 우리 부부는 날이 채 밝기도 전에 일어났다. 이제 막 떠오르기 시작한 햇살을 받으며 우리는 길을 나섰다. 힘들고 지루한 여정이었다. 그나마 산 정상에서 만날 수 있는 근사한 풍경 때문에 견딜 수 있었다. 먼지가 풀풀 날리고 구불구불한 길이 살윈 강까지 이어졌다. '그곳에 가면 이 여정도 끝나리라!' 우리가 품은 비전이 그렇게 속삭였다. 우리의 발은 바위투성이 길 위에서 휘청거렸지만, 우리의 마음은 비전을 따르고 있었다.

그날 밤 우리는 비전이 약속했던 곳에 이르렀다. 마침내 살윈 강둑에 다다랐다.

수년간 우리의 안식처가 되어 줄 리수랜드로 들어가는 관문은 작은 장이 서는 마을에 둘러싸여 있었다. 그 마을에는 성주가 세 명 있었는데, 그들은 '여섯 개의 보물'을 뜻하는 루쿠(Luku)라는 관저를 짓고 살았다. 그중 한 명이 우리를 맞이하며 호의를 베풀어 주었다. 우리를 자신의 성으로 데려가, 그곳을 어떻게 요새화했는지 알려주었다. 그날 저녁에 존은 식사를 마치고, 산 중턱으로 산책을 가자며 내게 속삭였다. 짙은 어둠이 깔리자, 살윈 강의 건너편 둑과 이어져 있는 산들이 마치 어두운 탑처럼 보였다. 나지막이 솟은 봉우리들은 별이 반짝이는 밤하늘을 찌르고 있었다. 나는 그 광경에 온통 마음을 빼앗겨 버렸다. "동화나라에 온 것 같아!" 그 멋진 광경에 숨이 턱 막히는 기분이었다. 그런데 그 어두운 풍경이 춤추듯 흔들리는 황금색 불빛들로 인해 중간중간 끊겨 있었다.

존이 속삭였다. "저기 봐! 리수랜드에서 비치는 불빛이오! 리수족이 사는 마을들이라고. 이소벨, 드디어 우리가 리수랜드에 왔소!"

그때 내 안을 가득 채운 전율은 영원히 잊혀지지 않는다.

"내 양 떼가 모든 산과 높은 멧부리에마다 유리되었고 내 양 떼가 온 지면에 흩어졌으되 찾고 찾는 자가 없었도다…주 여호와의 말씀에 내가 나의 삶을 두고 맹세하노라 내 양 떼가 노략거리가 되고 모든 들짐승의 밥이 된 것은 목자가 없기 때문이라"(겔 34:6, 8).

나는 주님의 '다른 양'들이 밝힌 불빛을 바라보고 있었다. "또 이 우리에 들지 아니한 다른 양들이 내게 있어 내가 인도하여야 할 터이니"(요 10:16). 수세기 동안 그들은 잊혀진 채로 들판의 모든 들짐승들, 즉 사탄의 먹잇감으로 방치되어 있었다. 그러나 이제 목자에게 속한 우리가 왔다. 그 순간 내가 위대한 목자와 함께하는 기쁨과 친밀함이 얼마나 거룩하게 느껴졌는지 모른다. 내 인생의 위대한 순간 중 하나였다.

다음 날에도 어김없이 산을 올랐다. 정오쯤에는 살윈 강을 기점으로 600미터 정도 더 높이 올라갔다. 존이 앞으로 갈 길을 손가락으로 가리키며 말했다. "이제 여기서 내려가 저 아래 개울을 건널 거요. 그다음 구불구불한 길을 몇 차례 돌고 나서, 다시 산을 오를 거고. 그러면 우리가 지금 서 있는 이곳과 비슷한 고도에 있는 평지에 이르겠지. 그리고 그 산등성이를 돌면, 레일라 쿡 선교사가 사역하는 쏭무산(Pine Mountain) 마을이 나올 거요."

나는 첩첩이 겹쳐져 있는 산들을 바라보았다. 중국 문명 지역에서부터 이 산골까지 이르는 수일간의 여정을 떠올리며 프레이저 씨가 했던 말을 되새겨 보았다. "레일라 쿡 선교사는 몇 달씩이나 백인 그림자도 못 보며 사역하고 있습니다." 레일라 쿡 선교사를 존경하는 마음이 저절로 생겼다.

우리는 서로에게 깊은 동료애를 느끼게 되었다. 우리가 도착한 다음 날 마크 구무(Mark of Goomoo)가 동역자 두 사람을 데리고 도착했다. 그는 내가 『나락 위의 둥지』에서 소개했던 대로 인생을 흥미진진하게 살아가는 사람이었다.

우리가 도착한 지 사나흘 정도 지났을까. 아침에 일어난 존은 몸이 근질근질한지 뭐라도 하고 싶어 했다. "나가서 일하는 사람들 좀 도와야겠소." 그렇게 말하고는 문 밖으로 사라졌다. 레일라와 나는 집 안에서 뭔가에 몰두하고 있었다. 그때 갑자기 밖에서 웃음소리가 들려왔다. 그 웃음소리가 점점 커지더니, 나중에는 왁자지껄했다. 레일라가 일어나 문 쪽으로 다가가 밖을 내다보았다.

그녀가 소리쳤다. "세상에! 사람들이 존 쿤 목사님께 의외의 면이 있다고 말해도 전 믿지 않았거든요. 그런데 이제 그 말이 무슨 뜻인지 알겠네요."

나도 얼른 가서 그녀의 어깨너머로 내다보았다. 조금 전까지만 해도 리수족 소년 두 명이 거친 산비탈 땅을 괭이질하고 있었다. 파종 준비를 하고 있었던 것이다. 그런데 지금은 그 아이들이 배를 잡고 데굴데굴 구르며 배꼽이 빠져라 웃고 있었다. 존이 리수족 말을 못하니 아이들에게 말을 걸 수는 없었을 것이다. 아마 무턱대고 아이들에게서 괭이를 달라고 표현했나 보다. 존의 부탁에 놀란 아이들이 괭이를 건네주었으리라. 존은 진지하게 괭이를 높이 쳐들고 시험 삼아 휘둘러 본 다음, 힘차게 아래로 내려찍었다. 하지만 내려찍으려 했던 흙덩이는 건들지도 못하고 엉뚱한 곳만 치고 말았다. 처음에는 아이들이 살며시 웃었다. 그런데 존의 모습이 너무 우스꽝스러웠다. 그가 아이들을 즐겁게 해주려고 일부러 웃긴 행동을 하고 있는 것이 분명했다.

아이들의 웃음이 멈출 줄 몰랐다. 그날부터 존은 그 아이들의 큰형이 되었다. 사랑하고 흠모하는 그런 형 말이다.

레일라 쿡은 교회가 아편 재배를 거부하여 받은 박해에 대해 자세히 설명해 주었다. 그러고는 뤼다(Luda, 다렌의 옛 칭호) 지역에서 사역하고 있는 남편에게로 떠났다. 북쪽으로 6일 정도 걸어야 다다르는 곳이었다. 리수족이지만 중국어에 능통한 모세가 우리 곁에 남아서 통역을 해주기로 했다.

레일라가 떠나기 전에 별일 아니라는 듯 말했다. "아시겠지만, 모세의 아내가 임신 중이에요. 제가 분만을 돕기로 약속했는데, 혹시 제가 돌아오기 전에 아기가 나오면 저 대신 받아 주세요!"

나는 겁이 나서 소리를 질렀다. "오, 나는 못해요. 한 번도 해본 적이 없단 말이에요. 배운 적도 없고. 게다가…."

그녀가 대답했다. "저 역시 따로 배운 적은 없어요. 그런데 분만을 도와줄 사람이 없어요. 리수족 여인들에게 도움을 청할 순 있겠지만 그네들 위생개념이 어떤지 아시잖아요. 최소한 우리는 위생개념이 있잖아요. 아이를 받아 본 적은 없어도 낳아는 보셨잖아요!"

"그렇긴 하지만…." 숨이 턱 막혀 왔다. "분만 순서나 절차를 배운 적은 없어요."

"저기 선반 아래쪽에 보면 산부인과 관련 서적이 몇 권 있어요." 레일라가 책장을 가리키며 말했다. "사실, 그동안 모세의 아내가 임신을 몇 차례 했었어요. 하지만 아이들이 살지 못했어요. 설령 그런 일이 생겨도 죄책감은 갖지 마세요. 혹시 그럴까 봐 미리 말씀드리는 거예요. 물론 이번에는 건강한 아이가 태어나야겠지만요. 모세가 아이를 얼마나 기다리는지 몰라요. 여하튼, 잘 지내시길 바라요. 우리 서로를 위해 기도해요." 그녀는 이렇게 말하고는 유유히 떠나 버렸다.

내 감정을 어떻게 표현할 길이 없었다. 기억하겠지만, 나는 마음이 연약한 사람이다. 분만을 책임져야 한다는 생각만으로도 온몸에 오한이 들었다. 나는 산부인과 서적을 집어 들었다. 온통 비정상적인 사례들로 넘쳐났다. 그 사례들을 읽으면 읽을수록 악몽이 늘었다. 안타깝게도 모세의 아내와 아기가 악몽의 주인공으로 등장했다.

모세를 처음 만났을 때 나는 그에게서 깊은 인상을 받았다. 넓은 이마 때문인지 그는 지적인 이미지를 풍겼다. 그러면서도 점잖고 겸손했다. 어떤 상황에서든 나서지 않고 한발 물러서 있었다. 나는 주님 안에서 그를 좋아하게 되었다. 그는 늘 평온한 분위기를 풍겼다. 주님께 헌신하는 삶, 주님께서 다스리시는 삶에서 느껴지는 고요한 평온이었다. 모세는 타고난 리더이기도 했다. 그가 지휘하는 교회 성가대의 찬양을 들을 때면, 은혜롭고 영감을 주는 힘이 느껴졌다. 그 무엇과도 비교할 수 없었다.

레일라가 그러는데, 모세가 상하이에 갔을 때 백인들에게 엄청난 감동을 주었다고 한다. 그래서 백인들이 모세에게 엄청난 선물 공세를 퍼부었는데, 특히 고급 면 셔츠 선물이 많았다. 레일라는 이렇게 말했다. "모세가 그런 후한 대접을 받다가 산골 마을로 돌아갈 때쯤 오만해지지 않을까 조금 걱정이 되었어요. 그런데 모세가 입고 왔던 소박한 옷으로 갈아입더라고요. 언제 그런 고급 옷을 입었는지 전혀 티를 내지 않았죠. 사실, 가끔은 모세가 그 옷들을 어떻게 처리했는지 궁금하긴 해요."

레일라가 떠나고 며칠 후에 쏭무산 마을에서 세례식이 있었다. 리수족 목사인 모세가 세례식을 집례했다. 그가 물속으로 들어갔다가 다시 일어날 때 소매가 말려 올라갔다. 그 바람에 소박한 남색 옷 아래에 받쳐 입은 고급 면 셔츠 소맷자락이 살짝 보였다. 그는 얼른 소맷자락을 끌어올려 겉옷 아래로 쑤셔 넣었다. 하지만 나는 그 광경을 보고 말았다. 모세가 서양의 고급스러운 옷을 입기는 했다. 그러나 다른 사람들이 볼 수 없도록 속에 입고 있었다. 자신이 섬기는 가난한 리수족 성도들을 위한 배려였던 것이다.

이런 일화만 봐도 우리가 모세를 좋아하는 것은 당연하지 않은가? 어쨌든, 나는 내 무지 때문에 모세의 아기가 세상에 빛을 보지 못할까 봐 두려웠다. 그런 생각이 마음을 진정시키는 데 도움이 될 리 없었다. 나는 레일라가 돌아올 때까지 출산이 늦춰지기를 바랄 뿐이었다. 그럴 가능성이 전혀 없다는 것을 알면서도 말이다.

레일라가 떠난 지 어느덧 열흘이 지났다. 모세가 헐레벌떡 달려왔다. "선교사님, 그레이스가 진통을 하고 있어요. 와서 좀 봐 주시겠어요?"

나는 우리 숙소 위쪽 산비탈에 자리한 그 부부의 오두막집으로 급히 올라갔다. 모세의 아내 그레이스는 방 한구석에서 몸을 잔뜩 웅크리고 있었다. 그녀는 마치 힘센 천적 때문에 구석에 몰린 야생 짐승 같았다. 내가 어떤 말을 해도 듣지 않았다. 내 머릿속에 들어 있는 의학적인 조언들을 모두 일러주었지만, 그녀는 전혀 따르지 않았다. 심지어 말도 섞으려 하지 않았다.

가슴이 무척 두근거렸지만 나는 힘을 내어 말했다. "모세, 필요한 물건들을 살균하고 정리해 봅시다. 의학 서적에서 읽었는데, 우리가 준비해야 할 것은…." 나는 물건의 이름을 하나씩 들어가며 말을 이었다. 그러면서 이렇게 덧붙였다. "우리는 아기들이 스스로 잠드는 것이 더 좋다고 생각하기 때문에 그렇게 한답니다." 리수족이 나 같은 서양인들의 사고방식에 동의하지 않는 것을 잘 알기에 구구절절 설명을 했던 것이다.

모세가 내 말에 재빨리 대답했다. "저는 선교사님 방식대로 아기를 키우고 싶습니다. 이 바구니는 아기 침대로 사용하실 건가요?"

우리 둘은 죽이 잘 맞았다. 나는 신이 나서 레일라가 내 마음대로 쓰게 해준 몇 가지 물건으로 아기 바구니를 예쁘게 꾸몄다. 모세는 아주 차분하고 조용한 사람이었지만 그 순간만큼은 매우 흥분했다.

우리는 그렇게 하루 종일 기다렸다. 하지만 아무 일도 일어나지 않았다. 나는 옷을 갖춰 입은 채로 침대에 누웠다. 이른 새벽에 불려갈 수도 있기 때문이었다. 그러나 아무도 나를 부르러 오지 않았다. 그레이스는 여전히 똑같은 모습으로 그곳에 있었다. 일어서거나 걷지도 않았다. 단지 구석에 웅크리고 있을 뿐이었다.

그렇게 하루가 지나가자, 모세도 초조함을 느끼기 시작했다. 그의 눈에서 불안감을 읽을 수 있었다. 나는 눈에 불을 켜고 의학 서적을 뒤적였다. 분만 준비를 할 때 알아 둘 사항, 아이를 받을 때와 산후 조리를 할 때 주의사항을 다시 한 번 확인했다. 하지만 분만 유도 방법은 전혀 나와 있지 않았다.

그날 늦은 오후, 모세의 눈은 근심 걱정으로 가득했다. 겉으로는 침착한 모습을 전혀 잃지 않았다. 하지만 그런 차분한 자세와는 달리 눈에는 초초함이 고스란히 묻어 있었다. "분만을 빨리 진행시킬 약이 없을까요?" 그가 물었다.

나는 온몸이 녹초가 될 정도로 기도했다. 분만에 대해 나도 잘 몰랐지만, 존은 아예 백지상태였다. 그런데 모세가 그런 질문을 던졌을 때, 갑자기 예전에 누군가가 퀴닌(quinine)을 사용했다는 기억이 어렴풋이 떠올랐다. 퀴닌은 남미에 서식하는 기나나무 껍질에서 얻은 약물로 말라리아 약이나 해열제로 사용돼었다. "약이 있기는 해요. 어떤 사람한테 들었던 기억이 나네요. 하지단 장담은 못해요. 책 어디에도 그런 이야기는 없어요. 잘못된 약을 투여하는 거라면, 아내가 죽을 수도 있어요. 만약 그 약이 맞다고 해도, 적정량도 잘 몰라요."

"그거라도 사용해 볼래요." 그 가엾은 동역자가 간절한 눈빛으로 말했다.

"오, 모세! 나를 너무 믿지 마세요. 내가 똑바로 들었는지 장담할 수 없어요." 확신이 서지 않아서 나도 너무 고통스러웠다. "이 일을 놓고 함께 기도해 봅시다. 모세는 집으로 돌아가서 기도하세요. 나는 여기서 기도할게요. 10분 뒤에 다시 만나서 주님께서 우리를 어떻게 인도하시는지 봅시다."

나는 실수하지 않게 해달라고 하나님께 간절히 기도했다. 퀴닌을 조금씩 사용하는 편이 좋겠다는 확신이 들기 시작했다. 모세가 다시 왔을 때 내가 물었다. "어떻게 생각해요?"

"선교사님, 그 약을 써야 할 것 같아요."

"나도 같은 생각이에요. 알았어요. 모세, 이거 받아요. 이제 아내에게 30분마다 0.13그램짜리 알약을 하나씩 먹이고, 아주 주의 깊게 살펴보세요. 어떤 변화가 생기면 즉시 나를 부르구요." 나는 그렇게 일러두고 옷을 갖춰 입은 채로 잠자리에 들었다.

자정이 되기 전, 누군가 방 문을 두드렸다. 나는 벌떡 일어났다.

모세였다. "한번 와 보세요."

내가 그 어두운 산비탈을 어떻게 올랐는지 모르겠다. 머리부터 발

끝까지 온몸이 떨렸다. '내가 혹시 그녀를 죽인 것은 아닐까?' 모세의 아내는 바닥에 누워 있었다. 그녀 쪽으로 랜턴을 비춰 보았다. 잠시 후 내 손으로 작은 아기를 받았다.

모세가 슬퍼하며 말했다. "아기가 죽었나 봐요."

바로 그 순간, 귀를 찢을 듯 날카로운 아기 울음소리가 들렸다. 하나님께서는 이 세상의 작은 밀알도 크게 사용하시는 분이다. 나처럼 미숙한 '산파'에게도 아기를 받을 수 있는 자비를 베풀어 주셨다. 정말 사랑스러운 여자아이였다. 에스더(Esther)라고 이름 지은 그 아기의 몸을 깨끗하게 닦아 주자 발그레한 살갗이 보였다. 조심스럽게 아기를 안아 작은 침대에 누이자 평화롭게 잠들었다.

나는 모세가 그처럼 흥분한 모습을 처음 보았다. 기쁨으로 충만한 그의 눈이 별처럼 반짝였다. 그는 산모보다 아기를 더 많이 살폈다. 아기 곁을 지키며 사랑이 가득한 부드러운 손길로 돌보았다. 그 모습을 보는 내 눈시울이 붉어졌다. 모세는 잠도 잊었다. 너무 기쁜 나머지 배고픔도 잊은 듯했다. 아기가 잠이 들면, 그 틈을 이용해 친지와 친구들에게 편지를 썼다. 아기가 무사히 태어난 것을 모든 사람에게 알리고 싶었던 것이다.

모세가 내게 물었다. "선교사님, 혹시 분유 있으세요? 제가 조금 살게요. 산모가 아기한테 젖을 못 물려서요."

나는 그를 물끄러미 바라보다가 정색하고 말했다. "모세! 산모들은 출산하고 사흘이 지나야 아기에게 제대로 수유할 수 있어요."

그 이야기를 들은 모세는 안도의 한숨을 내쉬었다. 다시 한 번 기뻐하며, 이 좋은 소식을 들고 아내에게로 달려갔다.

에스더는 토실토실 건강하게 자랐다. 그런데 에스더가 태어난 지 한 달이 채 안 되었을 때, 북쪽 지역에 가 있던 앨린 쿡이 인편으로 편지를 보내왔다. 그 편지에는 이렇게 쓰여 있었다. "모세의 아기가 태어나면, 그에게 여기로 와서 3개월 정도 우리를 도와달라고 부탁해 주세요. 사역이 점차 커져서 모세의 도움이 절실합니다."

나는 존에게 소리치며 말했다. "세상에! 어떻게 모세에게 지금 와 달라고 부탁할 수 있어요? 너무 잔인하잖아요. 첫아이의 인지 발달은 물론이고 첫 미소와 첫 웃음까지 다 놓치게 되는 거잖아요. 나는 모세에게 이 얘기를 전할 수 없어요!"

하지만 그 일을 감당할 사람은 나뿐이었다. 나는 모세와 함께 우리 숙소의 안방에 서 있었다. 열려 있는 문 사이로 살원 강 건너편 둑이 보였다. 아름다운 산봉우리들이 푸르른 하늘을 향해 삐죽삐죽 솟아 있었다. 편지 내용을 전해들은 모세는 그저 나를 뚫어져라 쳐다보았다. 그러더니 뒤로 돌아서서, 변함없이 반짝이는 산봉우리들을 응시했다. 그는 분명 마음속으로 주님과 대화를 나누었을 것이다. 잠시 후 그의 얼굴이 밝아졌다. 평온함까지 깃들어 있었다.

내 쪽으로 다시 돌아선 그가 조용히 말했다. "주님께서 원하시면

제가 가야지요." 그 짧은 시간에 고민을 마친 것이다. 그는 몇 년 전에 하나님께 온전히 헌신하겠노라 진심으로 서약했다. 그 이후로는 하나님께서 어떤 새로운 일에 대해 말씀하셔도 길게 고민하거나 고뇌하지 않았다. 그저 온전히 하나님의 뜻에 순종했다.

나는 거룩한 땅에 서 있는 것 같았다. 그래서 온 마음을 다해 기도했다. "주님, 리수족의 한 사람이 이처럼 아름답게 헌신하고 있습니다. 리수족 전체가 이 사람처럼 헌신할 수 있게 된다면, 그들에게 하나님을 알리는 일에 제 삶을 드리겠습니다."

✷ 헤어지지 못하는 이별

우리가 머물기로 정했던 한 달이 지났다. 아편 박해 사건은 좀처럼 해결될 기미가 보이지 않았다. 리수족 교회는 존이 몇 주 더 머물러 주기를 바랐다.

존 역시 더 머물고 싶어 했다. 하지만 나는 후배 선교사들에게 한 달 후에 돌아가겠노라 약속했다. 이미 그 기간이 지나 버렸고, 그들에게 시간이 좀 더 걸릴 것 같다고 전보를 보낼 방법조차 없었다. 게다가 아편 문제가 언제 해결될지 장담할 수도 없었다. 결국 존은 6월까지 그곳에 머물기로 했다. 어쨌든 나는 용핑으로 돌아가 후배 선교사들에게 지운 부담을 덜어 주어야 한다고 생각했다. 그래야 그들도 공부를 할 수 있을 테니까.

마후인이 나와 함께 가기로 했다. 이 매력적인 중국 그리스도인 청년이 나를 바래다주겠다고 기꺼이 나섰다.

존은 쥬차오(Old Nest) 마을을 거쳐서 가는 경로보다 더 가까운 길이 있을 거라고 생각했다. 하지만 산을 넘어가는 것은 매한가지였다. 그 길을 이용하는 사람이 많지 않았다. 나는 그 길을 지나간 유일한 백인 여성이었을 것이다. 메콩 강 계곡까지 곧장 가로지르는 그 길 중간에 장이 서는 마을들이 있었다. 그래서 우리는 음식과 숙소를 손쉽게 찾을 수 있었다. 나는 재스퍼를 타고 갔다. 프레이저 씨가 우리에게 빌려 준 이 늙은 노새는 아주 약은 녀석이었다.

우리 부부는 그 이별을 절대 잊지 못할 것이다. 내 마음은 남편과 딸아이 사이에서 갈등하다 갈기갈기 찢겼다. 물론 리수족 친구들이 남편에게 밥도 챙겨 주고 잘 돌봐줄 것이다. 하지만 나는 남편 곁을 떠나고 싶지 않았다. 동시에 나는 딸아이를 만날 날을 손꼽아 기다렸다. 캐스린과도 처음 떨어져 지낸 거라 더 애틋했다. 존 역시 내가 떠나는 것을 내켜 하지 않았다. 그래서 그는 말을 타고 싱둥띠띠엔(place-of-Action) 산 정상까지 우리를 배웅하기로 결정했다. 남편은 우리가 첫날 이동하는 거리의 중간 지점이 그쯤이라고 생각했기 때문이다.

풍경은 그림처럼 아름답고 근사했다. 싱둥띠띠엔 마을을 지나 산을 조금 더 올라가자 진쭈(Golden Bamboo) 마을이 나왔다. 우리는 그리스도인들이 많이 살고 있는 그 마을에서 묵었다. 날이 밝는 대로 우리는 산을 오르기 시작했다. 길이 이리저리 급격하게 굽어 있었다.

고도가 높아지자, 협곡을 둘러싼 싱둥띠띠엔 산꼭대기 뒤쪽으로 멀리 있는 다른 산봉우리들이 얼핏 보였다. 마치 이 세상의 정상에 오른 듯한 기분이 들었다. 산봉우리들이 파도처럼 사방으로 넘실거리며 이어져 있었고, 산 정상과 정상 사이는 깊이를 알 수 없는 심연이었다. 그것을 보는 내 마음은 황홀했다.

어느새 길은 살윈 강둑과는 멀어졌다. 그 강의 지류를 따라 나 있는 길은 여전히 오르막길이었는데, 아무렇게나 다져서 만든 구불구불하고 좁은 길이었다. 그래서 우리는 한 줄로 서서 가야 했다. 커다란 바위 언덕을 빙 둘러 가기도 했다. 어느새 모든 것이 우리 발밑에 있었다. 길 옆 낭떠러지를 내려다보면 덜릴 것 같아서 두 눈을 꼭 감았다. 떨어질지도 모른다고 생각하니 아찔했다.

정오까지 우리는 걷고 또 걸었다. 어느덧 산꼭대기에 다다랐고, 앞으로는 평탄한 길이 이어지는 듯했다. 존은 말고삐를 죄면서 말했다.
"이소벨, 여기서 그만 헤어져야 할 것 같소."

목구멍에서 뜨거운 무언가가 올라오는 것 같았다. 남편을 남겨 두고, 이제부터 혼자서 가야 했다.

고통스럽기는 해도 피할 수 없는 이별이라면, 그냥 빨리 작별 인사를 하고 길을 계속 가고 싶었다. 그래서 존이 기도를 하려고 마후인과 리수족 짐꾼들을 불러 모았을 때, 나는 내심 짧게 끝내기를 바랐다. 여느 때와는 다르게 말이다. 존의 성격은 아주 남달랐다. 예절을 중요시하는 사람이라서 서둘러 작별 인사하는 것을 아주 피상적인 자세로 여겼다. 진정한 그리스도인이라면 그렇게 하지 않을 거라고 생각했다. 역시나 존은 아주 길게 기도를 했고, 소리 높여 찬송가를 부르기 시작했다.

우리 다시 만날 때까지 하나님이 함께 계셔
훈계로써 인도하며 도와주시기를 바라네….

찬송가를 부르자 내 인내심은 극에 달하고 말았다. 어떤 한계를 넘으면 지푸라기 하나만 얹어도 낙타의 등뼈가 부러지고 만다. 그래서 그가 "다시 만날 때 다시 만날 때 예수 앞에 만날 때"라고 구슬프게 찬송가를 부르자, 나는 우리가 다시 만나기까지 남편이 겪을 어려운 일들이 자꾸 떠올라 마음이 힘들었다. 도저히 못 견딜 것 같았다.

그러나 존은 노래를 끝낼 생각이 없었다. "다시 만날 때…."
나는 감았던 눈을 떴다. '제발 그만 좀 해요!'라고 말하려는 찰나, 모퉁이 쪽으로 휙 사라지는 짐승 꼬리가 보였다. 기나긴 작별 의식에 반기를 드는 또 다른 누군가가 있었던 것이다. 마후인은 재스퍼의 고삐를 잡은 채, 눈을 지긋이 감고 잘 모르는 찬송가를 따라 부르려 애쓰고 있었다. 그러는 사이에 그 노새가 머리를 휙 움직여 도망쳐 버린 것이다. 내가 눈을 떴을 때 재스퍼는 기분 좋게 인사하듯 뒷다리와 꼬리를 찰랑찰랑 흔들며 걸어가고 있었다. 재스퍼는 우리가 조금 전까지 걸어왔던 길로 다시 내달렸다. 존이 타고 왔던 말을 뒤에서 몰면서 말이다.

결국 존은 찬송가를 다 부르지 못했다. 나는 소리를 질렀고, 마후인은 손에서 무언가가 휙 빠져나가는 것을 느끼고 정신을 차리고서 두 짐승을 잡으려고 뛰기 시작했기 때문이다.

그 노새에게는 신나는 술래잡기 놀이였다. 그 길은 비탈길인데다 굉장히 좁았다. 그래서 마후인이 그 짐승들을 앞지를 만한 지름길이 없었다. 게다가 인적이 드문 길이라 그 노새를 멈추게 할 행인조차 없었다. 두 짐승은 구불구불한 산길을 신나게 돌며 내달렸다. 그리고 마후인은 팔다리를 풍차처럼 휘저으며 그 뒤를 쫓아갔다.

재스퍼는 쫓아오는 사람이 안 보이자 멈춰 서서 인적이 드문 산길 주변에서 초록 풀들을 뜯어 먹었다. 인간 풍차 마후인이 모퉁이를 돌아오는 모습이 보이자, 두 짐승은 다시 내달리기 시작했다.

말한테 버림받은 우리는 그 높은 산꼭대기에서 한참이나 기다렸다. 더 이상 기다릴 수 없어 산길을 다시 내려가기로 했다. 흥분을 가라앉히고 반성하는 재스퍼를 끌고 오는 마후인과 마주칠지도 모른다는 희망을 품고서 말이다. 그러나 헛된 바람이었다. 말을 타고 올라왔던 길을 몇 시간에 걸쳐 터벅터벅 걸어 내려갔다. 결국 살윈 강둑으로 다시 돌아오고 말았다. 그리고 한참 더 내려가 진쭈 마을에 거의 도착할 무렵에야 재스퍼를 끌고 오는 마후인과 만날 수 있었다.

이미 너무 늦은 시각이라 길을 재촉하기에는 무리였다. 그날 아침에 길을 나섰던 장소에서 밤을 지내게 되었다.

이튿날 아침, 남편은 기대에 부풀어 넌지시 말을 꺼냈다. "혹시 당신이 내 곁에 머무르는 것이 하나님의 뜻이 아닐까?"

"아니요! 내 생각에는 하나님께서 당신에게 경고하시는 것 같아요! 그렇게 당신 마음대로 질질 끌면서 작별 인사하는 습관을 고치라고 말이에요."

이번에는 존이 우리를 배웅하지 않기로 했다. 대신 우리가 떠나는 길 옆 커다란 바위에 자리를 잡고 앉았다. 급격하게 굽은 길을 따라 걷다 보니, 어느새 존이 점점 작게 보였다. 결국 존이 바늘만큼 작게 보였다. 하지만 그는 계속 손수건을 흔들었다.

그날의 여정은 무척 외로웠다. 하지만 정말 멋진 경험을 하기도 했다. 산 정상에 도착했을 때 햇빛을 잔뜩 머금은 작은 목초지가 우리를 반겼다. 게다가 맑은 개울이 시원하게 흐르고 있었다. 야영하기 딱 좋은 장소였지만 우리는 마음을 억눌러야 했다. 해가 지고 있는데, 아직 내려가야 할 산길이 까마득했기 때문이다. 결국 나는 지친 노새에서 내려 희미한 달빛에 의지하여 비틀비틀 산길을 내려갔다. 그러다 가장 먼저 나온 마을에서 묵었다.

다음 날, 우리는 기분 좋은 여정을 이어 갔다. 논을 빙 둘러서 난

길을 따라 걸으며 초록 들판을 마음껏 감상할 수 있었다. 그 길 중간에 푸른 메콩 강변을 지나기도 했다.

그날 늦은 오후, 우리는 장이 서는 작은 마을에 도착했다. 그 마을은 이번 여정에서 우리가 처음 만난 교각 근처에 자리잡고 있었다. 우리는 작은 여관에 묵었는데, 마당에 마구간이 있었다. 마후인이 내게 오더니 말했다. "마구간이 너무 허술해요. 재스퍼를 가둬 두기에는 좀 부실해 보이네요. 정말 영리한 녀석이잖아요. 이런 녀석은 처음 본다니까요. 왠지 오늘 밤 무슨 일을 칠 것 같은 불길한 예감이 듭니다."

나는 주인으로 보이는 부인에게 말했다. "혹시 마구간에 문이 따로 없나요? 우리 노새는 문이 없으면 밖으로 도망칠 수도 있어요. 그럴까 봐 걱정이 되네요."

"우리 마구간에서 도망치다니, 그건 말도 안 되는 소리예요! 빗장을 걸어 놨으니 염려 마세요. 거기 한 번 들어가면 절대 혼자서는 못 나온다니까."

"그런데 우리가 데려온 노새는 완전히 늙은 여우랍니다. 빗장만으로 충분할지 모르겠군요. 더 확실하게 출입구를 봉쇄할 방법이 없을까요?"

"아, 그렇게까지 안 해도 돼요. 절대 필요 없다니까!" 그 부인이 자신 있게 말했다. "빗장만 걸어 놔도 절대 못 나가요. 내가 그 정도는 보장할 수 있지!"

다음 날 새벽 3시쯤 되었을까. 아래층에서 들리는 요란한 소리에 나는 잠에서 깼다. 흥분한 누군가가 카랑카랑한 목소리로 욕을 퍼붓고 있었다. 덩치 큰 뭔가가 호되게 매를 맞으며 막무가내로 날뛰는 소리가 들렸다.

갑자기 날카로운 동물 울음소리가 들려왔다. 어떤 상황인지 직감할 수 있었다. 나는 잠자리에서 일어나 앉고는 마후인을 불렀다.

잠시 후 방 문 앞에 마후인의 호리호리한 실루엣이 나타났다. 그는 애써 웃음을 참느라고 몸을 들썩이고 있었다. 그 순간에도 아래층에서는 중국말로 욕설을 퍼붓는 소리와 채찍질 소리가 들려왔다.

마후인이 소곤거렸다. "선교사님, 재스퍼 소리예요. 간밤에 그 녀석이 코로 빗장을 열고 마당으로 나왔어요. 여관 주인이 오늘 장터에서 팔려고 커다란 냄비에 담아 두었던 두부 냄새를 맡았나 봐요. 부엌에 들어가서 두부를 절반 정도 먹어 치우다가 그 주인한테 딱 걸린 거죠!"

여관 주인은 화가 나서 얼굴이 붉으락푸르락하면서도, 우리가 아침식사를 마치자 잘 가라며 인사를 건넸다.

재스퍼 때문에 우여곡절을 겪기는 했지만, 그 녀석이 내게 준 선물은 절대 잊을 수 없다. 그 일 이후로 우리 부부가 힘겹고 질질 끄는 작별 의식을 치르게 될라치면, 남편에게 이 말 한마디면 걱정이 없었기 때문이다. "존, 제발요! 재스퍼를 떠올려 봐요!"

✱ 안에 그거 들어 있는 거 어디 있지?

1934년 12월, 마침내 우리 가족이 리수랜드로 옮겨 가게 되었다. 마치 무슨 엄청난 프로젝트 같았다. 쏭무샨 마을에서 구할 수 있는 야채는 옥수수밖에 없었다. 소금 장수가 가끔 들렀기에 소금이 떨어질 걱정은 없었다. 그리고 쌀과 닭도 살 수 있었다. 달걀은 우리가 가진 약품과 물물교환을 할 수 있었다. 물론 알약의 크기라든지 달걀의 신선도는 따지지 않았다. 하지만 밀가루, 설탕, 분유, 통조림은 구할 수 없는 물품이라 이사 갈 때 충분히 가져가야 했다. 옷과 침구류뿐 아니라 등유, 집 지을 때 필요한 공구, 책, 약도 마찬가지였다.

그 협곡 지역에서는 은을 화폐로 사용했다. 몇 달간 쓸 생활비를 넉넉하게 챙겼더니 그 무게가 상당했다. 우리는 짐꾼들을 고용했다. 게다가 하인들도 구해야 했다. 우물에서 물을 길어 집까지 나를 사람이 필요했기 때문이다. 가장 가까운 우체국은 하루 정도 걸어야 닿을 수 있었다. 그렇게 문명과 동떨어진 곳으로 이사를 가다 보니, 짐을 실은 말만 열한 필에 달했다.

존은 짐을 잔뜩 실은 말들이 있기에 쥬차오 마을을 거치는 경로가 가장 편하다고 판단했다. 그래서 우리는 그 길을 따라 걸었다. 날씨가 정말 환상적이었다. 하늘은 청명하고, 따사로운 햇살이 내리쬐고, 대기는 식욕과 운동을 자극하기에 딱 좋을 정도로 상쾌했다.

캐스린이 함께하는 여정이었다. 우리 모녀는 함께 가마를 탔고, 존은 재스퍼를 타고 갔다. 길이 매우 가파른 곳에서는 가마꾼들이 우리 모녀를 함께 지고 가는 것을 힘겨워했다. 그럴 때면 나는 가마에서 내려 노새 등에 올라탔고 존은 걸었다.

아름다운 메콩 계곡으로 가는 여정은 정말 즐거웠다. 물론, 어쩔 수 없이 우리가 '세상에서 가장 지저분한 여관'이라 이름 붙인 그 숙소에서 묵어야 했지만 말이다. 하지만 그을음이 잔뜩 묻은 그 농가에서도 즐거운 시간을 보냈다. 하루 종일 가마에 앉아 있어야 했던 캐스린은 발이 땅에 닿자마자 이리저리 걸어 다녔다. 세 살배기 딸아이는 세상 만물에 호기심을 느꼈다. 아이 몸에 묻은 지저분한 것들은 차가운 물로 씻어 낼 수 있었다. 하지만 그을음을 지우려면 뜨거운 물이 필요했다. 우리는 더러운 냄비에 물을 담아 마룻바닥이나 마당에 피워 놓은 모닥불에서 끓여야 했다. 정말이지 인내심이 바닥 날 지경이었다. 빨리 밤이 오기만을 기다렸다. 그래야 캐스린이 잠자리에 들 테니까. 아침에 캐스린이 깨기 전, 우리는 모든 물건을 정리해 짐을 싸고 아침식사를 미리 준비해 놓으려고 애썼다. 그렇게 하지 않으면 여관을 나설 때쯤 아이는 굴뚝 청소부 꼴을 하고 있을 테니까.

한참 걸려 출발 준비를 마쳤다. 말에 실을 짐들을 가지런히 모아 놓았고, 우리는 아침식사를 끝냈다. 나는 따뜻한 물을 조금 남겼다. 아이를 가마에 태우기 전 마지막으로 손을 닦아 줄 물이었다.

내가 깨끗한 상태로 출발하는 것은 애초에 포기했다. 그 여관에는 지저분한 잡동사니가 사방에 널려 있었다. 마치 고물상 같았다. 게다가 낮은 천장에는 그을음이 묻은 거미줄이 쳐 있었다. 내가 할 수 있는 것이라곤 몸을 이리저리 돌리면서 털고, 얼굴이나 손 또는 옷에 묻은 그을음을 뭔가로 쓱쓱 문질러 닦는 게 전부였다. 그런 방식을 지저분하게 생각한 남편은 뜨거운 물을 조금 준비해 두었다가 다른 방에서 씻기로 마음먹었다.

우리 모녀를 비롯해 노새 모는 사람과 가마꾼들까지 모두 준비를 마쳤다. 그런데 존의 모습이 보이지 않았다. 우리는 보통 다 같이 기도를 한 후에 출발하곤 했다. 그래서 나는 기도를 하자며 존을 불렀다. "여보, 서둘러요! 모두 기다리고 있어요."

아무런 대답도 들리지 않았다. 어디에 있는 것일까? 내가 다시 부르려는데, 존이 온화한 표정으로 옆방에서 나왔다. "이소벨, 여기 좀 봐요!" 그는 자기 계획대로 깨끗하게 씻은 것을 만족스러워했다. 깨끗해진 그의 손을 보고 내가 감탄하기를 기대하고 있었다. "적어도, 나는 출발할 때만큼은 깨끗하다고!"

그가 깨끗해진 손을 자랑하듯 뒤집어 보였는데, 한쪽 손등에 그을음이 쫙 그어져 있었다. "오, 이런!" 문을 열고 밖으로 나올 때 손등으로 뭔가를 문지른 게 분명해 보였다. 그는 넌더리를 내며 말했다. "뭐 이런 곳이 다 있담! 나는…." 그러더니 짐을 이리저리 뒤지기 시작했다. "이소벨, 안에 그거 들어 있는 거 어디 있소?"

나는 이맛살을 찌푸리며 서 있었다. 그가 무슨 말을 하는지 이해해 보려고 애썼다.

그러나 남편은 내가 자신을 거들지 않으려고 조용히 서 있는 것으로 생각했다. "안에 그거 들어 있는 거 어디 있소?" 그가 내게 쏘아붙였다.

노새를 모는 사람은 영어를 못 알아들었다. 하지만 그는 짐과 관련해서 이 성격 좋은 바깥주인의 기분이 상했다는 것쯤은 눈치로 알았다. 그런 순간에는 부지런히 뭔가를 하는 것처럼 보이는 게 현명하다고 판단했다. 그래서 괜히 밧줄을 잡아당기며 걱정스러운 듯이 말들을 이리저리 만져 보았다.

하지만 다른 사람들과 달리 나는 그곳에 가만히 서 있었다. 겉으로 보기에는 빈둥거리는 것 같았지만 내 머릿속은 매우 혼란스러웠다. 존이 찾는 것을 알아내려고 머리를 바쁘게 굴리고 있었다.

남편이 군소리를 해댔다. "이소벨, 왜 나 안 도와주는 거요? 그냥 거기 가만히 서서 보기만 하고 있잖아. 안에 그거 들어 있는 거 어디 있소?"

결국 나는 폭발하고 말았다. "이봐요. 존 쿤 씨. 도무지 알아듣지 못할 말로 설명하는데 누가 당신을 도울 수 있겠어요! 안에 그거 들어 있는 거라니? 내 눈앞에 있는 저기에 그런 것들 천지라고요!" 나는 말 열한 필을 가리키며 말했다.

하지만 그는 내 말에 전혀 개의치 않았다. 그 대신 짐 바구니 하나에 몸을 깊숙이 들이밀었다. 그러더니 웃으면서 얼굴을 들었다. 그 손에는 다름 아닌 핸드크림 튜브가 들려 있었다. "여보, 뭘 그렇게 흥분해?" 그가 다독이듯 말했다. "이 크림이 그 검은 자국을 없애는데 좋을 것 같아서 찾았던 거요. 이제 출발합시다!"

노새를 모는 사람은 분위기가 다시 누그러진 것을 확인하고서 안도감을 느끼며 자세를 바로잡았다. 그리고 짐승들을 앞으로 불러내기 시작했다. 마침내 존이 그날의 여정도 안전하게 인도해 달라고 하나님께 기도를 드렸다.

우리는 계속 오르막길을 걸었다. 특히 험난한 지역을 오르기 시작할 때, 나는 존에게 아침에 연출된 장면을 자세히 묘사해 주었다. 알아듣지 못할 그의 질문을 흉내 내자, 남편이 터무니없어 하는 표정을 지었다. 결국 그가 웃음보를 터뜨렸다. 심지어 산비탈을 오르기 힘들 지경으로 웃어댔다. 이 일은 우리 가족이 즐겨 이야기하는 또 하나의 재미있는 일화가 되었다. 지금까지 12년 동안 가족 중 누군가가 급하게 필요한 물건을 찾지 못할 때 이 사건이 많은 도움을 주고 있다. 누군가가 큰소리로 "안에 그거 들어 있는 거 찾는 거야?"라고 말하면 다들 웃는다. 그러면 그 물건을 찾는 사람이 더 정확하고 상세하게 그 물건에 대해 설명해야 한다.

✻ 휴가 때 생긴 일

리수랜드에서 즐겁게 사역한 지도 어느덧 16개월이 지났다. 그동안 존은 우리 가족이 살 집을 지었고, '은혜의 집'이라 불렀다. 그는 사역지에서는 집을 짓고 싶어 하지 않았지만 어쩔 수 없는 상황에 놓이자, 견고하고 튼튼한 집을 지었다. 실제로 20년 뒤에 공산당이 부숴 버릴 때까지 그 집은 우리의 보금자리가 되어 주었다.

이제 우리는 첫 안식년을 맞아 휴가를 떠나게 되었다. 상하이에서 프레지던트 맥킨리(President McKinley) 호를 타고 고향으로 출발했다. 미혼시절에 함께 파송되어 같은 배로 중국에 왔던 여성 선교사 가족이 우연히 우리 옆 선실에 묵게 되었다. 두 가족이 즐겁게 교제할 수 있어 더 뜻깊은 항해였다. 하나님께 헌신하는 중국내지선교회 소속 선교사인 우리는 매일 함께 선실에서 기도했다.

그러던 어느 날 우리가 기도를 마치고, 꿇었던 무릎을 펴면서 일어나려던 참이었다. 서둘러 복도를 지나가던 한 승객이 불쑥 우리 선실 문을 열고 들어왔다. 자기 선실로 착각한 것이었다. 그 남자는 너무 놀라서 얼굴이 하얗게 질려 있었다. 무릎을 어정쩡하게 구부리고 서 허공을 향해 손을 들고 있는 사람들을 보았기 때문이다. 우리를 정신병자로 여기는 듯했다. 모든 정황을 듣고 난 그의 얼굴이 밝아졌다. 우리는 모두 포복절도했다.

그 시절에는 장거리 여객선에서 '가면 파티'를 열곤 했다. 우리가 탄 배도 어느 날 저녁식사 시간에 파티를 연다고 공지했다. 파티에 맞게 꾸미지 않으면 저녁식사를 할 수 없다고 했다. 그 이야기를 전하는 승무원의 눈빛을 보니, 두 선교사 가족들은 이 파티를 즐기지 못할 거라고 짐작하는 듯했다. 매일 기도모임을 갖고 평소에 엄숙한 얼굴로 다니는 사람들이니 말이다. 하지만 우리는 어떤 말도 하지 않고 그냥 몸소 보여 주었다.

내 기억에 따르면 그날 파티의 베스트 드레서는 존이었다. 그는 반바지에 민소매 조끼를 입고 허리에는 화려하게 장식된 띠를 둘러 뱃심 좋은 해적처럼 꾸몄다. 게다가 수렵용 칼도 차고, 빨간색 소독약 머큐로크롬을 군데군데 칠한 붉은 두건을 머리에 둘렀다. 심지어 눈 밑을 새까맣게 칠하고, 볼과 어깨와 다리에도 검은 줄을 쫙쫙 그었다. 머큐로크롬으로 목과 팔다리에 피투성이 상처를 그려 넣었다. 마지막으로 두건 아래로 삐져나온 앞 머리카락들을 눈썹 바로 위까지 빗어 내렸다. 남편은 덩치가 크고 근육질인데다 털이 많았다. 그런 사람이 그럴싸하게 꾸미자 정말 무시무시한 해적이 되었다.

나는 유명한 만화 '매기와 지그스'(Maggie and Jiggs)에 나오는 매기처럼 머리카락을 앞쪽부터 팽팽하게 뒤로 잡아당겨서 찻주전자 손잡이 모양으로 올려 묶었다. 그리고 바닥까지 끌리는 긴 치마를 입었다. 내게 너무 잘 어울리는 변장이었다.

우리 일행은 조금 늦게 파티 장소로 갔다. 그리고 그 승무원을 진지하게 쳐다보았다. 그는 변장한 사람들을 다 알아볼 수 있어 내심 뿌듯해하고 있었다. 그런데 우리가 그곳에 나타나자 할 말을 잃고 말았다. 존은 진짜 해적처럼 꾸민 채 우거지상을 하고 있었고, 나는 코를 한껏 추켜올리고 그를 내려다보았기 때문이다. 그는 우리가 누구인지 짐작해 볼 요량으로 파티장 안을 둘러보았다. 아직 오지 않은 사람들을 파악하려고 말이다. 하지만 여러 좌석이 비어 있어서 별 도움이 되지 않았다. 그는 평생이 가도 우리 정체를 알아내지 못할 것 같았다. 결국 그가 우리의 이름을 묻기에 이르렀다.

그렇게 입장해서 여러 식탁을 지나 우리 자리를 찾아 들어가는데 누군가가 외쳤다. "선생님, 1등은 따 놓은 당상이네요!" 나중에 이 무서운 해적의 정체가 그 엄숙한 선교사라는 사실을 알고 장내가 떠들썩했다. 한 남자가 존에게 다가왔다. "축하드립니다! 정말 멋지네요!"

파티 후반에 게임이나 즐거운 놀이를 즐길 수 있었다면, 우리도 신나게 참여했을 것이다. 하지만 식사를 마치자, 술 마시는 분위기로 바뀌었다. 우리는 선실로 돌아왔기 때문에 시상식 자리를 지킬 수 없었다.

우리가 탄 배가 친정아버지와 남동생이 살고 있는 캐나다 밴쿠버에 정박하지 않아서 우리는 빅토리아 섬에서 내렸다. 거기에서 밴쿠버까지 해안 증기선을 타면 될 터였다. 갈아탈 배에 우리 짐을 옮기려면 수화물 표가 필요했는데, 존이 그 표를 챙겼다. 그런데 뜻밖에도 빅토리아 섬에 사는 선교사 친구들이 우리를 마중 나와 있었다. 아주 기분 좋은 환영인사였다. 증기선이 그날 바로 출발하는 것은 아니라서 친구들은 우리를 위해 부차트 가든(Buchard's Gardens) 관광을 계획해 두었다. 고향의 해안을 바라볼 수 있는 것만으로도 기뻤다. 그렇지만 오랜 친구들을 만나는 것보다 더 기쁜 게 있으랴!

갑자기 존이 흠칫 놀라더니, 자기 옷 주머니 위를 손으로 툭툭 치며 만졌다. 배는 이미 빅토리아 항구를 빠져나가고 있었다. 그는 어쩔 줄 몰라 하며 수화물 표를 꺼내서 내게 보여 주었다. "여보, 우리 짐을 옮겨 싣는 걸 까맣게 잊고 있었소!"

"이런, 존!" 우리의 모든 짐을 잃어버린 순간이었다. 우리가 걸치고 있는 옷 말고는 아무것도 없었다. 심지어 작은 여행 보조 가방조차 없었다.

급히 선박의 사무장에게 가서 상황을 설명했다. 그제야 마음이 진정되었다. 우리 짐을 다음 배에 실어 보내라는 전보를 치면 짐을 찾을 수 있었다. 그날 밤, 친구들은 우리가 저지른 어이없는 실수에 크게 웃으며, 우리가 입고 잘 편안한 옷들을 내주었다.

밴쿠버에 도착한 나는 가장 행복한 순간을 맞았다. 친정아버지와 남동생이 항구에 마중 나와 있었다. 게다가 전혀 기대하지 않았던 옛 친구들까지 모두 마중 나와 있었다. 지금까지 존은 내게 말로만 듣던 사람들과 직접 인사를 나누었다. 남편이 내가 묘사했던 이야기 속 주인공들을 하나하나 알아맞히는 것을 보며 무척 즐거웠다. 그는 완벽했다!

캐스린은 외할아버지를 독차지했다. 우리는 딸아이가 외할아버지를 낯설어 하지 않기를 바랐다. 그래서 미리 외할아버지에 대한 이야기를 조심스레 들려주곤 했다. 외할아버지의 주머니에는 항상 사탕이 들어 있다는 등의 좋은 이야기 말이다. 그러자 딸아이는 낯을 가리기는커녕, 오히려 외할아버지한테 너무 붙어 있으려 했다. 외할아버지는 어디를 가든지 손녀를 데리고 다녀야 했다.

잠잘 시간이 되자 캐스린이 외할아버지랑 자겠다고 했다. 외할아버지 입장에서는 손녀딸의 어떤 요구도 거절할 수 없었다. 친정아버지의 승낙에 우리 부부는 귀를 의심했다. 그저 손녀와 좋은 밤을 보내길 바랐다.

우리 방은 좁은 복도를 사이에 두고 친정아버지의 방과 마주하고 있었다. 이튿날 모든 사람이 잠들어 있는 이른 아침, 외할아버지와 손녀가 도란도란 이야기를 나누는 소리가 우리 방까지 들려왔다.

"아침에 뭐 먹을래?"

"몰라요. 저는 아침밥에 사탕 넣어서 먹을래요. 그래야 밥이 맛있거든요. 외할아버지, 그런데 귀가 굉장히 크네요!"

"멋지지? 네 귀도 크지 않니?"

"아니요. 내 귀는 작아요. 나도 자라면 귀가 커질 거예요. 외할아버지보다 더 커질 걸요!"

그러다 외할아버지가 기침을 했다.

"외할아버지, 기침을 할 때는 손으로 이렇게 입을 가려야 해요! 안 그러면 나한테 옮을지도 몰라요!"

외할아버지에 대한 우리 딸의 훈계가 그렇게 시작되었다.

며칠 뒤 우리 짐이 도착했다. 리수랜드에서 밴쿠버까지 오는 여정 가운데 우리는 하나님의 손길을 느낄 수 있었다. 하나님께서는 자녀들에게 안 좋은 것들이 전염될까 봐 세밀하게 지켜 주셨다.

*선의의 일로 전도하기

밴쿠버에서 3주 정도 머무른 다음, 우리는 미국으로 건너갔다. 워싱턴 주 벨링햄에서 열리는 '퍼스 성경과 선교 컨퍼런스'(Firs Bible and Missionary Conference)에 참석하기 위해서였다. 나는 이 컨퍼런스에서 해외 선교에 내 삶을 드리기로 처음 결단했다. 그래서 컨퍼런스에 참석하는 친구들을 남편에게 소개시켜 주고 싶었다.

그해의 대표 강연자는 루이스 스페리 체이퍼 박사(Dr. Lewis Sperry Chafer), 프레리 신학대학교(Prairie Bible Institute)의 L. E. 맥스웰(Maxwell) 교수, 존 미첼 박사(Dr. John G. Mitchell), 프랜시스 브룩(Frances Brook) 양이었다. 그들의 강연은 우리의 삶에 지대한 영향을 미쳤다.

주님의 수많은 자녀들이 이 컨퍼런스에 참석했는데, 그중 이스트먼(Eastman) 부부도 있었다. 그 부부는 워싱턴 주 북서부 퓨젓사운드

(Puget Sound) 만에 위치한 오카스 섬(Orcas Island)에 살았다. 그곳은 여름 휴양지로 유명했다. 투자 목적으로 그 섬에 여름 별장을 몇 채 지은 부부는 주님께 헌신한 선교사들에게 쉼이 필요할 때 사용할 수 있도록 무료로 빌려 주었다. 그 부부는 우리에게 컨퍼런스가 끝나면 그곳에서 쉬라고 제안했고, 우리는 기도해 보겠다고 약속했다.

그 당시 나는 체중 미달이었다. 안식년 휴가를 떠나오기 전에 심한 병치레를 했기 때문이었다. 게다가 8년간 사역하면서 내 몸은 지치고 쇠약해졌다. 심지어 옛 친구들을 만나는 즐거움조차 마음껏 누리면 안 되는 상황이었다. 하지만 존까지 그럴 필요는 없었다. 그는 끊임없이 활동하고 다른 사람들을 만나는 사람이었다. 잠을 많이 자지 않아도 너끈해서 자정까지 일에 몰두하기도 했다. 그렇다고 우리 부부가 떨어져 지낼 수는 없었다. 둘이 함께하지 못한다면 무슨 일을 해도 재미가 없었으니까. 어쨌든, 내가 편히 쉬면서 잠을 푹 잘 수 있는 곳으로 가야 하는 것은 분명했다. 그래서 우리는 8월에 오카스 섬으로 갔고, 차고 위에 있는 방에 짐을 풀었다. 밀러(Miller) 할아버지라 불리는 친정아버지는 우리 가족과 한시라도 떨어져 지내는 것을 원하지 않았다. 그래서 우리가 머무는 별장 근처에 있는 작은 오두막을 하나 빌렸다.

작고 아름다운 오카스 섬 주민들은 대대로 농사를 지으며 살아왔다. 우리가 머무는 별장 바로 뒤편에도 작은 농장이 하나 있었는데,

중년 부부가 방 두 칸짜리 오두막에서 살고 있었다. 농장에서 수확한 농작물로 돈을 넉넉히 번 부부가 방을 하나 증축하는 중이었다.

나는 원기를 회복하려면 아침 늦게까지 충분히 잠을 자라는 당부를 들었다. 하지만 건강한 존은 주체할 수 없을 만큼 시간이 남아돌았다. 친정아버지가 낚시를 즐기셨지만 그것으로 존의 활동량을 채우기에는 턱없이 부족했다. 그러던 어느 날 아침, 존이 장인어른에게 제안을 했다. "옆집 아저씨가 연로하신 것 같던데, 오두막집 지붕을 오르고 계시더라고요. 아무래도 혼자서 짓고 계신 것 같습니다. 도움이 필요하시지 않을까 싶은데, 가서 물어보려고요. 장인어른, 저는 육체노동을 좀 해야 합니다. 안 그러면 몸도 둔해지고 나태해질 것 같아요. 장인어른, 지붕 판자 못질 잘하시잖아요!"

밀러 할아버지는 사위의 그런 자세를 좋아했다. 그의 부탁을 거절할 수 없었다. 그날 아침 옆집에 키 작고 뚱뚱한 남자와 키 크고 건장한 남자가 나타났다. 이웃집 아저씨는 입술에 못을 문 채로 손에 망치와 판자를 들고 서까래 위에 앉아 있었다.

존이 큰소리로 말을 걸었다. "안녕하세요? 혹시 도움이 필요하지 않으세요? 저희가 도와드리고 싶습니다."

루미스(Loomis) 할아버지라 불리는 그 농부가 지붕 옆쪽으로 고개를 돌리자, 아래에서 웃고 있는 젊은이가 보였다. 그는 당황하기 시작했다. "어, 내가 직접 짓고 있소. 뭐, 천천히 지어도 상관없다우. 조금

씩, 내가 할 수 있는 만큼만 하려고…."

밀러 할아버지는 그 농부가 왜 그렇게 말하는지 대번에 알아차렸다. 그래서 이렇게 말했다. "수고비는 안 주셔도 됩니다. 우리 사위가 심심해서 운동 삼아 하는 겁니다!"

루미스 할아버지는 자신의 귀를 믿을 수 없었다. 일당을 안 받는 일꾼이라! 더 들어볼 만한 이야기였다. "잠깐 기다리시오. 내가 바로 내려가리다. 잘 안 들려서 말이오…."

몇 초 뒤, 그는 공사 중인 오두막집 모퉁이를 돌아 나왔다. "들어와서 커피 한잔하시구려." 그가 자기 집으로 안내했다. 집으로 들어가니 약간 뚱뚱한 부인이 커다란 앞치마를 두른 채 놀라서 눈을 크게 뜨고 그 남자들을 쳐다보았다.

"여기 이 사람은 루미스 할머니라우." 그는 서슴지 않고 부인을 소개했다. "여보, 커피 좀 내와요. 이분들은 얼마 전부터 우리 앞집에 머물고 있는 선교사님들이셔. 그런데 성함이 뭐라 하셨지?"

건장한 젊은 일꾼이 대답했다. "제 이름은 존 쿤입니다. 이분은 제 장인어른이시구요. 다들 밀러 할아버지라고 부르죠. 루미스 부인, 이렇게 만나 뵙게 되어 반갑습니다. 지붕에 판자 박는 일을 도와 드리고 싶어서 왔습니다. 운동 삼아 해보려구요. 아무것도 안 하고 쉬려니 몸이 근질근질하네요. 물론 일당은 안 주셔도 됩니다. 신선한 공기를 마시고, 몸을 쓸 수 있으면 충분하니까요!"

이번에는 루미스 부인이 놀랄 차례였다. 그녀의 남편은 아까 자신이 잘못 들은 게 아님을 확인하고 활짝 웃어 보였다. 그는 잔뜩 들떠서 말했다. "여보, 일이 엄청 빨리 진척되겠구려. 어쩌면, 지붕까지 올릴 수 있겠어!"

연로한 루미스 부인이 말했다. "그런 부탁이라면 우리가 고맙지요. 그런데 지붕 위가 아주 더운데 괜찮겠어요?"

존이 말했다. "그 정도는 상관없습니다. 건강하게 흘리는 땀은 몸에도 좋으니까요. 지금 당장 시작해 볼까요! 망치 좀 주시겠어요?"

침대에 누워 쉬고 있던 나는 바닷새들의 노래에 맞춰 뒷집 지붕 위에서 망치 두세 개가 사이좋게 뚝딱뚝딱 화음을 넣는 소리를 감상할 수 있었다.

물론 다섯 살짜리 캐스린도 일하는 현장에 함께했다. 딸아이는 부러진 판자로 소꿉놀이를 하거나 루미스 할머니와 텃밭을 돌아다니며 신나게 놀았다.

아무런 보수 없이 열심히 일하는 그들을 보며 노부부는 그저 감탄할 뿐이었다. 노부부가 밭에서 수확한 농작물을 계속 나눠 주어 우리는 호박, 콩, 오이를 비롯해 그 부부가 기르는 농작물을 모두 맛볼 수 있었다.

어느 날 존이 커피를 사려고 모퉁이 식료품점에 갔다. 가게 주인이 남편을 보더니 씩 웃으며 말했다. "루미스 할아버지 댁 일을 도와 드리는 선교사님이시죠? 이스트먼 씨 부탁으로 주일 저녁에 설교하신 다는 얘기를 들었습니다. 저희도 꼭 갈게요. 아마 많은 사람들이 갈 겁니다. 섬 주민들 사이에서 선교사님이 조금 유명해지셨거든요. 무보수로 일해 주신 선교사님이라고. 어디를 가나 그 얘기를 합니다!"

섬 주민들은 우리에게 마음을 열어 주었다. 여러 사람들이 우리를 초대했다. 우리는 하나님 안에서 교제를 하고 친분을 쌓으며 몇 년간 연락하며 지냈다. 지금도 오카스 섬의 몇몇 주민들은 분명 쿤 선교사 가족과 리수족을 위해 기도할 것이다.

다시 한 번 주님께서 우리를 얼마나 행복한 방식으로 이끄시는지 깨닫게 되었다. 존이 나를 위해 희생했지만, 오히려 존 자신뿐 아니라 많은 사람에게 기쁨과 행복을 전하는 축복의 통로가 되었다.

*존의 고향

태평양 북서부 연안에서 휴식을 마친 뒤, 우리는 존의 고향인 펜실베이니아 주 맨하임을 향해 출발했다. 기차가 4,830킬로미터에 이르는 거리를 빠른 속도로 달렸다. 어느덧 완만하게 경사진 농지가 보였고, 랭커스터(Lancaster) 역에 거의 다 왔다는 표지판이 나왔다. 바로 우리가 내릴 역이었다. 우리는 모두 흥분했다.

존이 중국으로 떠난 지 10년 만에 고향에 돌아온 것이었다. 예전에 나는 존의 여동생을 만나러 이곳에 온 적이 있었지만 가족으로서는 첫 방문이었다.

기차역에 누가 마중 나와 있을까? 존의 부모님은 돌아가셨다. 존의 이복형제인 빌(Bill)과 짐(Jim), 애니(Annie) 고모와 앤톤(Anton) 고모부가 아직 그곳에 살고 있었다. 그리고 존의 '영적 엄마' 존 크레디

(John Kready) 부인이 있었다. 존은 세 살의 어린 나이에 엄마를 여의었다. 크레디 부인은 존을 하나님께 인도하려고 애쓰면서 열심히 기도했다. 존도 크레디 부인을 영적 엄마로 여기며 따랐다. 나중에 존이 하나님 나라 확장을 위해 중국으로 파송되었을 때도 그녀는 기도로 후원해 주었다. 또한 편지로도 우리 선교사역의 어려움을 알아주고 위로해 주었다. 이처럼 깊은 인상을 심어 준 크레디 부인도 마중 나와 있을지 궁금했다.

내가 무척 만나고 싶은 사람들 중 메리 짐머만(Mary Zimmerman)도 있었다. 그 젊은 여성은 경리로 일하고 있었다. 중국에서 사역하면서 나는 우리를 위해 기도로 후원하는 사람들에게 매달 편지를 보내기로 결단했다. 하지만 많은 사람들에게 매번 편지를 보내려니 그 비용이 만만치 않았다. 그래서 이렇게 기도했다. "주님, 많은 사람들에게 이 편지가 전해지기를 원하신다면 제게 그 방법을 알려 주세요!" 간절히 기도한 지 6개월인가 1년 정도 지났을 때였다. 메리라는 낯선 여성이 편지를 보내왔다. 우리가 기도 후원자들에게 보내는 편지를 복사해서 여러 사람에게 발송해도 되는지를 묻는 편지였다. 그녀가 매달 엮는 〈트라이앵글〉(The Triangle)이라는 간행물에 우리 편지를 넣어 구독자들에게 보내겠다는 뜻이었다. 그 잡지 구독자는 100여 명에 불과했지만 리수족을 위한 기도의 용사들이 그만큼 늘어나는 것이니 그 제안을 마다할 이유가 없었다. 그렇게 인연을 맺게 된 메리도 우리를 만나려고 역에 마중 나와 있을까?

그동안 한 번도 만난 적은 없지만 존의 이야기를 통해 알게 된 사람들과 사진으로만 보아 온 사람들도 있었다. 과연 누가 누구인지 알아볼 수 있을까?

기차가 정류장으로 미끄러지듯 들어갔다. 우리는 수화물을 분실하는 실수를 되풀이하지 않으려고 신경을 곤두세우고 있었다. 승강장에 발을 내딛자, 여러 사람들이 우리를 둘러쌌다. 즐겁게 사람들의 이름을 불러대는 남편의 목소리가 들려왔다. "애니 고모! 빌! 짐! 크레디 엄마!"

그와 동시에 메노파 교도의 모자를 쓴 멋진 젊은 여성이 천천히 다가왔다. "저는 메리 짐머만이라고 합니다. 18일에 저희 모임에서 설교를 해주실 수 있나요?"

나는 숨이 막혔다. 얼마나 자주 메리를 처음 만나는 순간을 상상하며 빙그레 웃었던가! 바쁜 그녀가 짬을 낼 수 있는 시간은 정오 한 시간뿐이었다. 그녀는 탁월한 능력을 발휘하며 한순간도 헛되이 쓰지 않으려고 했다. 그러다 보니 함께 일하는 다른 사람들도 시간을 낭비하지 않고 일을 진행할 수 있었다. 그래서 그녀는 나를 처음 만난 그 짧은 순간에 망설이지 않고 설교를 부탁했던 것이다. 무엇보다 그녀의 기도모임뿐 아니라 내게도 유익한 일이었기에 더욱 그랬으리라. 우리 가족이 '랭커스터 기도모임'이라 부르는 그 사람들은 하나님의 뜻을 이루기 위해 남모르게 헌신하고 있었다. 사실, 우리는 아직도 그들이 어떤 선의의 사역을 펼치고 있는지 잘 모른다.

어쨌든 그런 제안을 받은 나는 너무 흥분해서 정신이 하나도 없었다. "당연히 가야죠. 훌륭한 분들 앞에서 설교를 하게 되다니 영광인 걸요!"

"다행이네요. 세부 사항은 나중에 자세히 알려 드릴게요. 그리고 교통편도 준비해 놓겠습니다." 그녀는 자기 친구들이 말씀의 축복을 받는 일에 초점을 맞추었다. 이것은 내가 처음 접하는 독일계 펜실베이니아 사람들의 스타일이었다. 심지어 그들의 어법은 독일어 표현을 그대로 영어로 옮기는 식이었다. 예를 들어 '거리를 따라 걸어 내려가다가 모퉁이를 완전히 돌아라'는 표현을 '거리를 걸어라, 아래로. 그리고 모퉁이를 돌아라, 완전히'라고 말했다. 이런 어법은 내가 남편의 고향에서 난생처음 접하게 된 것들 중 하나에 불과했다.

드디어 우리는 존의 형제인 빌의 차를 타고 맨하임으로 출발했다. 랭커스터 카운티는 푸른 언덕과 초목이 어우러진 곳이었다. 그런 자연 속에 멋진 농가들과 헛간들이 점점이 박혀 있었다. 존은 설렘으로 가슴이 벅찼다. 그는 이쪽저쪽을 돌아보며 랜드마크를 확인하고, 친지들과 이야기를 주고받았다. 때때로 그 장소들을 손가락으로 가리키며 내게 설명해 주려고 애썼다.

차가 좌회전하는 순간 존이 소리쳤다. "이소벨, 맨하임 공원이오.

우리가 소풍을 즐겨 가던 곳이었지." 자그마한 숲속 골짜기가 얼핏 보였다. 아이들을 위한 그네와 미끄럼틀, 나무 그늘 아래에 피크닉 테이블이 있었다.

곧 차가 마을로 들어섰다. 나는 광활한 서부 지역에서 자란 사람이었다. 그래서 길가에 다닥다닥 붙어 있는 집들이 마냥 신기하기만 했다. 서부 지역의 집에는 대부분 앞뜰과 뒷뜰이 딸려 있었다. 집이 하나의 복합체였다. 하지만 이곳에는 샴쌍둥이마냥 똑같은 집이 두 채씩 붙어 있었다. 인도 바로 옆에 현관문이 있어서인지 마치 중세 독일에 와 있는 듯한 기분이 들었다. 완전히 다른 세계처럼 느껴졌다. 게다가 메노파 교도의 옷을 입은 사람들까지 있으니 동화나라에 온 것 같았다.

자동차가 두 가구 연립주택 앞에 멈춰 서자 애니 고모가 큰 소리로 외쳤다. "집에 다 왔어!" 집 안은 티끌 하나 없이 깔끔했다. 애니 고모와 앤톤 고모부는 자녀가 없었다. 두 분은 지칠 줄 모르는 근면한 사람들이었다. 우리가 도착한 지 얼마 안 되어 아래층에서 저녁식사를 하라고 부르는 소리가 들렸다. 그날 나는 독일계 펜실베이니아 식사자리에 처음 초대를 받았다. 식탁에는 서너 가지 파이가 동시에 올라와 있었다.

나는 집안일을 돕겠다고 나섰다. 애니 고모는 다소 미심쩍어하면서, 빨래를 널어 달라고 부탁했다. 나는 빨래줄 위에 빨래를 쭉 늘어

놓았다. 그런데 남편 가족 중 누군가가 그것을 보고 깜짝 놀라 물었다. "이소벨, 빨래 너는 법을 배우지 않았나 봐요?" 그러더니 내가 널었던 빨래를 모조리 걷었다. 이웃들이 존의 아내가 그런 것도 모르는 사람이라 생각할까 봐 그랬으리라.

내게 '빨래 너는 법이 따로 있다'고 가르쳐 준 사람은 없었다. 나는 완전히 기초부터 다시 배워야 했다. 존의 아내가 강연자나 선교사 작가로서는 자질이 다분할지 몰라도, 맨하임에서 성장하지 않은 티를 팍팍 내고 말았던 것이다. 하지만 존의 가족과 친지들은 부족한 나를 아주 너그럽게 대해 주었다.

맨하임에는 4천여 명의 주민이 살고 있었다. 존이 태어났던 집에는 큰아버지가 살고 있었다. 우리는 그 집을 둘러보고 거리 끝에 있는 웅덩이에도 가 보았다. 수영을 할 수 있을 정도의 깊이였다. 그 다음 허쉬 기계(Hershey Machine)와 파운드리 회사(Foundry Company)에 갔다. 존은 그곳에서 1년 동안 일하면서 무디성서학원에 낼 입학금을 벌었다. 존의 모교도 둘러본 다음, 큰길을 따라 걸어 내려가 약국에 잠깐 들렀다. 존의 먼 친척이 운영하는 약국이었다.

해리 룰(Harry Ruhl) 부부는 신실한 그리스도인이었다. 그들은 리수족에게 많은 의약품을 기부했다. 이들 덕분에 수만리 떨어진 산골에 사는 리수족이 아플 때마다 '복통에는 분홍색 알약이 최고'라며 우리에게 약을 달라고 했다.

큰길을 따라 아래로 더 걸어가자 광장 모퉁이가 보였다. 존의 설명이 이어졌다. "토요일 밤이면 사람들이 이곳에 모이곤 해요. 근방 시골 지역에서 차를 몰고 쇼핑하러 오기도 하고. 광장 어디서나 생동감이 넘치고 이야기 소리들로 가득 찼지. 내가 무디성서학원에서 공부할 때 집에 다니러 오면 동생과 함께 이곳에서 옥외집회를 했소. 저기 저 모퉁이에서 사람들을 모아 놓고 설교를 했지."

광장 근처에 살던 한 그리스도인 사업가는 신실하고 의로운 사람이었다. 그는 존이 무디성서학원에서 공부할 때부터 시작하여 중국에서 사역할 때까지 도와주었다. 그는 구주이신 예수 그리스도를 흠모했고, 본향에 가기 전까지 열정적인 사업가로서 그리스도인답게 살면서 헌신했다. 그런 사람에게 고민을 상담하고, '신실한 생각'이 행동으로 나타나는 걸 지켜보는 것은 존에게 특권이었다.

마을 광장에서 꼭 들러야 할 곳이 한 군데 더 있었다. 바로 은행이었다. 존의 아버지가 돌아가시면서 남긴 유산이 은행에 예치되어 있었다. 엄청난 액수는 아니었다. 최근에 우리는 C. T. 스터드(Studd) 선교사의 생애에 대한 글을 읽고서 깊은 감명을 받았다. 전 재산을 기부한 그 선교사의 모습을 보면서 존도 그렇게 하고 싶어 했다. 하지만 나는 그가 성급하게 결정하지 않기를 바랐다.

나는 존에게 친정아버지의 형편에 대해 털어놓았다. 신실한 기독교 신자였고 교회에서 집사로 섬기던 친정아버지는 아무런 거리낌 없이 빚을 내 헌금했다. 갚을 수 있을 정도로 수입이 충분하지 않은 상태였는데 말이다. 나중에 어떻게든 마련할 수 있을 거라고 긍정적으로 생각할 뿐이었다.

남편은 디모데전서 5장 8절 말씀을 따랐다. 유산으로 받은 돈으로 우선 장인어른의 빚부터 갚아 주었다. 500달러나 되는 큰 액수였다. 존은 칭찬받아 마땅한 남편이었다. 남은 돈은 주님을 위해 쓰겠다고 결단하며, 하나님께 사용할 곳을 알려 달라고 기도했다.

하나님의 손가락이 가리키는 것을 지켜보는 일은 흥미진진하고 달콤한 모험이었다. 우선, 러시아 국경 부근에서 사역하고 있는 신실한 젊은 선교사에게 100달러를 후원했다. 그리고 아프리카에서 헌신하고 있는 신입 사역자에게 장비 구입비로 100달러를 지원했다. 그 외에도 우리의 작은 기부를 통해, 한 소녀가 프레리 신학대학교에서 공부를 마칠 수 있었다. 남미의 한 선교사도 약간의 지원을 받았다. 또한 우리 덕분에 맨하임 출신의 한 소녀가 무디성서학원에 입학할 수 있었다. 존의 고향에서 자란 그 소녀는 그곳에서 열정적인 영적 승리자를 만났고, 그와 결혼해 수년 동안 중미 지역에서 주님의 빛을 비추었다.

우리는 부족한 것이 없었다. 자동차가 없었지만, 친구들이 서로 돕겠다고 나섰기 때문에 전혀 불편함을 느끼지 않았다. 여러 차례 초빙 강연을 다니게 되었는데, 마음씨 좋은 한 친구가 강단에서 입을 만한 옷을 빌려 주었다. 그뿐 아니라 나 대신 존을 챙겨 주거나, 심지어 캐스린을 유치원에 데려다 주기도 했다.

사실 가족 친지와 친구들의 이런 배려는 매우 놀라운 것이었다. 맨하임 사람들은 존의 아버지가 많은 유산을 남겼다는 것을 알고 있었다. 하지만 우리는 그 돈의 사용처를 아무에게도 말하지 않았다. 심지어 형제들에게조차 밝히지 않았다. 그런데도 그들은 우리에게 이런 호의를 베풀어 주었다. 우리가 재정적으로 어렵지 않을 거라고 생각하면서도 말이다. 하나님께서 그들로 하여금 우리의 궁핍함을 돌보도록 인도하셨기 때문에 가능했으리라. 하나님께서 우리로 하여금 다른 지역에 사는 그분 자녀들의 궁핍함을 돌보도록 인도하셨던 것처럼 말이다.

"하나님께서는 보답하는 분이시다." 중국내지선교회를 설립한 허드슨 테일러(Hudson Taylor) 선교사가 한 친구에게서 들은 말이라고 한다. 우리는 그 말이 진실임을 증명했다.

나는 집들이 다닥다닥 붙어 있는 30년 역사를 지닌 작은 마을에 대해 생각해 보았다. 이 마을 성도들이 이어 가는 '성도의 유산'은 내 인생에 아주 깊은 인상을 남겼다. 점차적으로, 나는 남편을 통해 나 역시 그 위대한 유산을 누리고 있음을 깨닫게 되었다.

*난감한 문제

어느새 우리 딸이 학교에 갈 나이가 되었다. 우리 부부는 사역지로 되돌아갈 예정이었다. 선교사들, 특히 문명과는 동떨어진 곳에서 개척 사역을 하는 선교사들은 자녀를 어떻게 교육시킬까?

이것은 나뿐 아니라 모든 선교사들이 겪는 가장 난감한 문제였다. 나는 그 문제에 지나치게 집착했고, 그럴수록 마음은 자꾸 심란해졌다.

어른들 틈바구니 속에서 아이를 키우는 것은 잔인한 처사였다. 특히 우리 딸처럼 사교성이 좋은 아이에게는 더더욱 그러했다. 딸아이는 친구들과 함께 놀 수 있다는 생각만으로 즐거워했고, 그런 반응을 본 내 가슴은 미어졌다. 게다가 딸아이가 계속 리수족 아이들과 어울리게 놔둘 수 없었다. 선교사 부모 아래에서 자란 동료 선교사의 말이 떠올랐기 때문이다. 그 선교사는 자녀가 비도덕적인 것을 보지 못하게 해야 하며, 리수족 아이들을 통해 간접적으로도 경험하지 못하게 주의하라고 경고해 주었다. 그러면서 이렇게 덧붙였다. "내 어린 시절의 기억을 지울 수만 있다면 뭐라도 할 수 있을 것 같아요. 우리 부모님은 훌륭한 선교사이셨어요. 하지만 자녀 교육에는 그다지 신경을 쓰지 않으셨습니다. 사역에 최선을 다하면 하나님께서 자녀들까지 돌봐 주실 거라고 믿었던 거죠."

중국내지선교회 총재의 부인도 내가 중국에 왔을 때, 똑같은 경고를 해주었다. 두 눈에 눈물을 글썽이며 자신이 겪은 일들을 들려주면서 이렇게 말했다. "아이들에게 주님에 대해 가르치는 것도 주님의 사역입니다."

나는 이것을 주님의 음성이라고 생각했다. 다른 사람을 통해 세상에 태어난 존재보다도 내가 낳은 영혼들을 더 책임감 있게 하나님께 인도해야 한다고 느꼈기 때문이다. 하지만 내가 찾은 난감한 문제의 답은 이론적인 것에 불과했다. '아이의 영적 행복을 가장 우선시해야 한다'는 이론 말이다. 캐스린을 어느 학교에 보내야 하는지에 대한 답은 오리무중이었다.

중국내지선교회가 선교사 자녀들을 위해 설립한 학교인 치푸는 아름답고 살기 좋은 해안가에 위치해 있었다. 그 학교에서는 온갖 취미활동을 즐길 수 있었다. 또한 최상의 교육 자격을 갖춘 선교사들이 학생들을 가르치며, 영적으로 돌보는 것을 최우선과제로 삼았다.

그 학교의 재학생 가운데 절반 이상이 1년에 한 번 부모를 만날 수 있었다. 보통은 크리스마스 연휴 때만 집에 가기 때문이다. 머나먼 개척지에서 사역하는 부모들은 아이들이 긴 시간 동안 이동해야 하므로, 자녀들을 2년에 한 번 집으로 보내라고 학교에 요청한다. 전쟁 같은 비상사태가 생기면 그 기간이 좀 더 길어질 수 있지만, 중국내지선교회는 그 이상 떨어져 지내는 것을 권하지 않는다. 하지만 치푸에 들어간 우리 딸은 6년 동안 우리와 떨어져 지내야 했다. 중일전쟁 때문이었다. 일본군이 학생들을 학교에 억류했다. 사실, 우리까지 억류된 것은 아니었지만 딸아이를 만나러 학교에 갈 수 없는 상황이었다. 하지만 딸아이는 긴 이별을 어쩔 수 없는 일로 받아들이고 불평하지 않았다.

어떤 상황에서든, 가장 중요한 것은 아이에게 부모의 변함없는 사랑을 확인시켜 주는 것이다. 부모가 사역보다 아이를 더 많이 사랑한다는 확신을 주는 것이 중요하다. 아이에게 이런 확신이 있다면, 편안한 마음과 정서적 안정감을 더 많이 누릴 것이다.

그런데 부모가 정기적으로 편지를 보내지 않는다면, 자녀가 어떻게 받아들일까? 아이가 노는 데 정신이 팔려 부모가 보낸 편지에 관심이 없다 해도, 사랑한다는 말을 꾸준히 확인하면 무의식적으로 만족감이 쌓이게 마련이다.

난감한 문제

또한 아이는 부모가 휴가 기간에 자신을 만나러 오거나 집으로 데려가기 위해 최선을 다하기 바란다. 부모가 너무 일에 몰두하다 보면, 아이가 이런 것에 얼마나 연연하는지 깨닫지 못할 수도 있다. 하지만 부모가 아이에게 관심이 있다면, 아이를 만나기 쉽든 어렵든 기회가 오면 놓치지 않는다.

부모가 하나님 다음으로 자신을 사랑한다고 확신한다면, 아이는 고통스러울 정도로 긴 이별도 받아들일 수 있다. 낙담하거나 믿음이 흔들리지 않고 말이다.

우리는 이런 마음가짐으로 딸아이를 치푸에 보내기로 결심했다. 이제 아이의 마음을 준비시킬 일만 남았다.

우리는 딸아이에게 그 이야기를 불쑥 꺼내지 않았다. 나는 아이에게 치푸에 입학하는 것은 '함께 기도할 수 있는 친구들이 아주 많이 생기는 것을 의미한다'고 말해 주었다. 아이는 기대감과 즐거움으로 박수를 치며 좋아했다. 나는 아이가 학교로 떠나기 전에 앞으로 공부하게 될 곳에 애정을 갖게 해주려고 노력했다. 이것이 중요하다고 생각했다. 아이는 자연스럽게 부모의 사고방식과 자세를 배우게 된다. 부모가 조금이라도 반항적이고 비판적이라면, 아이는 그것을 감지한다. 이런 아이는 선생님들이 아무리 도우려고 해도 다른 사람들과 잘 어울리지 못할 가능성이 크다. 우리는 하나님께 기도했던 것이 이뤄지기를 간절히 바라며, 딸아이가 치푸에서 행복하기를 계속 기도했다. 물론 딸아이도 그렇게 기도했다.

우리가 첫 안식년 휴가를 보낼 때, 캐스린이 여섯 번째 생일을 맞았다. 그렇다 보니 우리가 선교지에 도착하면 아이를 바로 치푸에 입학시켜야 했다. 그러나 우리가 1937년에 중국으로 출발하기 전, 중일전쟁이 발발했다. 학교가 위치한 곳이 위험지역으로 분류되었다.

그래서 대안을 강구했다. 딸아이를 윈난성 국제 미션스쿨에 보내는 것이었다. 내 시누이이자 아이의 고모인 캐스린 쿤 해리슨이 쿤밍에 살고 있었다. 그래서 딸아이가 고모 집에서 학교를 다니면 될 것 같았다.

우리는 밴쿠버에서 배를 타고 일본으로 갔다. 그곳에서 다시 홍콩으로 가는 배를 갈아탔다. 몇 주가 걸렸다. 전쟁의 긴장감이 다소 누그러지면서, 버터필드와 스와이어 해운(Butterfield & Swire)의 배들이 홍콩과 치푸가 있는 지역까지 안전하게 운항되고 있다는 소식이 전해졌다. 그즈음 선교회에서는 윈난성에서 사역하던 그레이스 리델(Grace Liddell) 양을 치푸 교사로 임명했다. 우리가 홍콩에 도착할 때쯤, 그녀도 치푸로 가는 배를 탈 예정이었다. 그래서 그녀가 캐스린을 치푸까지 데리고 가게 되었다.

원래는 우리 가족이 모두 하노이까지 함께 갈 계획이었다. 그런데 배가 홍콩에 도착할 때쯤 전보를 받았다. 우리가 배에서 내리기도 전에 말이다. 전보에 이렇게 적혀 있었다. "그레이스 리델 선교사가 캐스린 쿤을 홍콩에서 치푸까지 데리고 갈 것입니다." 리델 양이 우리를 찾아와서는 치푸로 가는 배가 사흘 후에 출발할 예정이라고 친절하게 알려 주었다.

미처 마음의 준비를 하지 못한 나는 충격을 받았다. 결국 딸아이를 우리가 사역하는 곳에서 좀 더 가까운 쿤밍의 국제 미션스쿨에 보내려던 계획을 바꾸었다. 나는 캐스린을 준비시키려고 우리가 묵고 있는 선실로 내려갔다. 딸아이는 2층 침대에서 곤히 잠들어 있었다. 살짝 말려 올라간 예쁜 속눈썹이 부드러운 볼과 대비되어 더욱 진해 보였다. 가만히 서서 딸아이를 바라보았다. '이소벨, 아이를 돌보고 아이가 성장하는 것을 지켜보며 지금껏 누려왔던 기쁨을 더 이상 느낄 수 없게 될 거야.' 가슴이 저려 왔다.

침대 협탁에 성경이 놓여 있었다. 나는 성경을 들고 마음속으로 말했다. '하나님, 제게 말씀해 주세요!' 전도서 11장 1절 말씀을 펼쳤다. "너는 네 떡을 물 위에 던져라 여러 날 후에 도로 찾으리라." 하나님께서 이렇게 말씀하시는 것 같았다. "네 아이를 내게 맡겨라. 내가 그 아이를 잘 보살피리라. 여러 날 후에 그 아이가 다시 네게 돌아갈 것이다. 그 아이는 몸만 네 딸이 아니라 마음과 영혼까지 확실히 네 자식이 되어 돌아오리라."

그 말씀이 내게 얼마나 위로가 되었는지 모른다. 나는 그 말씀에 간절히 매달렸다. 그러나 내가 앞으로 잃게 될 것이 계속 머릿속에 떠올라서 마치 고문을 당하는 것처럼 힘들었다. '내 아이를 마지막으로 씻기고 있다. 아이의 샌들 버클을 마지막으로 채워 주고 있다. 아이의 머리카락을 마지막으로 빗겨 주고 있다.' 이런 생각만 계속 들었다. 홍콩에서 딸아이와 작별 인사를 하고, 아이를 태운 배가 떠나는 것을 지켜보던 그 힘겨운 시간은 절대 잊을 수 없다.

내가 믿을 사람은 오직 리델 양뿐이었다. 목적지까지 긴 시간을 함께 이동하면서 캐스린은 그녀를 친이모처럼 좋아하게 되었다. 딸아이는 낯선 곳에서 엄마 같은 존재, 안정감을 주는 친밀한 존재를 갖게 되었다. 낯선 선생님들과 직원들로 넘쳐나는 치푸에서 말이다.

존은 무척 힘겨워하는 나를 자상하게 돌봐 주었다. 그래서 나는 하나님께 축복을 구하는 기도를 꾸준히 드릴 수 있었다. 캐스린이 떠난 그날 하루 종일, 그리고 우리 배가 출발하기 직전까지 남편은 나와 함께 거리를 걸어 주었다. 그는 전혀 지친 기색이 없었다. 내가 지쳐서 몸을 누이고 모든 것을 잠시 내려놓을 때까지 내 곁을 지켜 주었다. 얼마나 고마웠는지 모른다. 지금까지도 잊을 수 없다. 남편이 보여 준 인내와 관대함은 정말 훌륭했다. 내가 그렇게 심란한 모습을 보인 것은 잘못된 행동이었다. 하나님께서 직접 주관하신 일이었으니까 말이다. 하지만 나는 이 변화를 받아들일 수 있을 때까지 조용히 투정을 부렸다. 그때 일을 돌이켜보면, 하나님의 선택과 역사하심이 정말 놀라울 따름이다.

일본 군인들에 의해 억류되기 직전, 캐스린은 놀라운 영적 경험을 하게 되었다. 딸아이가 앞으로 닥칠 일을 담대히 받아들이도록 하나님께서 준비시켜 주셨다. 우리 주님께서는 예비하는 분이시다! 우리가 친애하는 프레이저 씨가 캐스린과 함께 억류된 것이었다. 세 딸의 아버지인 그는 캐스린이 우리와 떨어져 지내는 오랜 기간 동안 보호해 주었고 든든한 버팀목이 되어 주었다.

결국 캐스린은 그립스홀름(Gripsholm) 호를 타고 본국으로 송환되었다. 딸아이는 인도와 남미를 경유하는 긴 여행을 하면서 하나님께서 지켜 주신다는 것을 더욱 깊이 깨닫게 되었다. 그 배의 꼭대기에 십자가가 달려 있었는데, 환한 전구가 그 십자가를 밝히고 있었다. 열두 살짜리 아이에게 그 십자가는 자신을 인도하고 보호하시는 예수 그리스도의 임재를 상징하는 표시처럼 보였다.

마침내 미국에 도착한 캐스린은 조지(George)와 막달레나 서덜랜드(Magdalene Sutherland) 부부의 집에서 지내게 되었다. 필라델피아 중국내지선교회 본부에서 근무하던 이 부부는 우리가 중국에서 돌아올 때까지 캐스린을 친딸처럼 돌봐 주었다. 무디성서학원에서 공부하던 시절, 우리와 가깝게 지냈던 이들은 캐스린에게 양부모처럼 최선을 다했다.

선하신 하나님께서는 내가 두 번째 안식년 휴가 때 2년간 캐스린과 지내고 중국으로 돌아갈 수 있게 해주셨다. 중일전쟁 때문에 편지나 전보를 보내는데 아주 오랜 시간이 걸렸고, 특히 여성과 아이들의 통행이 자유롭지 못했다. 이런 사정 때문에 휴가 기간이 더 연장되었던 것이다. 다시 가족과 헤어진 캐스린은 서덜랜드 부부의 집에서 계속 지내게 되었다. 딸아이는 힘들고 예민한 고등학교 시절을 그 부부의 사랑과 도움으로 잘 견뎠다.

우리 모녀가 다시 만난 것은 1950년이었다. 공산당이 중국 정권을 장악했기 때문에 나는 아들 대니를 데리고 미얀마를 거쳐 도망쳐 나왔다. 존은 중국교회를 돕기 위해 남아 있었다. 우리는 그 당시 딸아이가 재학 중이던 휘튼 대학교(Wheaton College)로 갔다. 주님께서는 다시 한 번 우리가 2년 정도 함께 지낼 수 있도록 축복해 주셨다. 존이 중국에서 풀려나는데 1년 6개월이 걸렸고, 다시 6개월 후에 개척 사역을 하려고 태국으로 떠났기 때문이다. 이렇게 하나님께서는 우리 딸이 대학 마지막 2년을 엄마와 함께 보낼 수 있도록 해주셨다.

딸아이를 어떻게 공부시켜야 하는지를 하나님께 온전히 내어놓고 기도하자 그 난감한 문제를 단계별로 하나씩 해결해 주셨다. 사실 긴 이별을 겪기는 했지만, 우리는 2년씩 두 번이나 함께 지낼 수 있었다.

우리가 1952년 태국으로 가기 전, 캐스린은 오리건 주 포틀랜드에 있는 멀트노마 성경학교(Multnomah Bible School)에 들어갔다.

캐스린은 기독교 가정의 보호에서 독립해 세상에서 자립하고자 했다. 그래서 오리건 주 그래스 밸리에서 교사로 일했다. 하지만 그해가 지나기 전에, 캐스린은 선교사로 사역하는 것이 하나님의 뜻임을 깨닫게 되었다. 우리 모녀가 다시 만났을 때, 딸아이는 중국내지선교회에 지원하여 선교사가 되었다. 그 후 태국 북부 지역에서 사역하던 캐스린은 문학과 임학을 전공한 돈 룰리슨(Don Rulison)을 만나 결혼했다. 주님께서 우리를 위해 온전한 길을 예비하고 계셨다.

에필로그

2차 세계대전 이후, 존 쿤은 리수족에 대한 중요한 조사를 하기 위해 중국으로 다시 돌아가야 했다. 그때 존과 이소벨 부부는 다시 한 번 자신들의 좌우명인 "하나님을 첫자리에" 모시는 삶의 도전에 직면하게 되었다. 존은 하나님께 순종하여 혼자서 중국으로 갔다.

이소벨은 이런 기록을 남겼다. "주님께서 우리에게 고린도후서 4장 12절 말씀을 주셨다. '그런즉 사망은 우리 안에서 역사하고 생명은 너희 안에서 역사하느니라.' 우리는 헤어짐이 죽음을 의미한다고 느꼈다. 우리 가족의 삶을 끊어 놓는다는 의미에서 말이다. 대신, 리수족이 영적으로 구원을 받게 되었다."

1947년, 이소벨은 대니와 함께 리수랜드로 돌아갔다. 1년 만에 공산당이 그들이 머물던 말리핑 지역으로 쳐들어왔다. 하지만 이미 선교사들과 성경학교가 강 건너편으로 옮긴 뒤라 모두 무사할 수 있었다. 그곳을 지키던 이소벨과 대니는 1950년 3월 10일, 중국 서부 국경 부근에 있는 산을 넘어 미얀마로 갔다. 그 후로는 다시 돌아올 수 없었다.

중국이 폐쇄정책을 펼치자, 중국내지선교회는 사역지를 다른 곳으로 옮기기 시작했다. 쿤 가족도 태국 북부 지역에 살고 있는 부족들을 위해 사역하게 되었다. 그런데 이소벨이 암에 걸려 1954년에 미국으로 돌아가야 했다. 하나님께서는 이소벨에게 3년의 시간을 더 주셨다. 1957년 3월 20일, 이소벨은 사랑하는 남편이 지켜보는 가운데 하나님의 품에 안겼다. 이소벨이 마지막으로 남긴 말은 이렇다. "내가 천국에 가까이 있다고 느낀 적이 있다면, 그리고 죽음의 고통이 그 가시를 내려놓았다고 생각한 적이 있다면, 바로 지금이에요."

"나는 천국의 성벽에 기대어 태국 북부 지역을 열심히 지켜볼 거예요. 그러면 모든 천사들이 나를 보고, 내 뒤를 따르겠지요. 그러면 안 될려나? 우리 또 봐요."

1956년 1월 28일

이소벨 쿤의 편지에서

1865년 허드슨 테일러가 창설한 중국내지선교회(CIM:China Inland Mission)는 1951년 중국 공산화로 인해 철수하면서 동아시아로 선교지를 확장하고 1964년 명칭을 OMF International로 바꿨다. OMF는 초교파 국제선교 단체로 불교, 이슬람, 애니미즘, 샤머니즘 등이 가득한 동아시아에서 각 지역 교회, 복음적인 기독 단체와 연합하여 모든 문화와 종족을 대상으로 예수 그리스도가 구세주이심을 선포하고 있다. 세계 30개국에서 파송된 1,300여 명의 OMF 선교사들이 동아시아 18개국의 신속한 복음화를 위해 사역 중이다.

OMF 사명
동아시아의 신속한 복음화를 통해 하나님을 영화롭게 하는 것이다.

OMF 목표
하나님의 은혜를 통하여 동아시아의 모든 종족 가운데 성경적 토착교회를 설립하고, 자기 종족을 전도하며 타종족의 복음화를 위해 파송되는 것을 목표로 한다.

OMF 사역 중점
- 우리는 미전도 종족을 찾아간다.
- 우리는 소외된 사람들에게 관심을 갖는다.
- 우리는 복음을 전하는 일에 주력한다.
- 우리는 현지 지역교회와 더불어 일한다.
- 우리는 국제적인 팀을 이루어 사역한다.

OMF International-Korea
한국본부 (137-828) 서울시 서초구 방배중앙로 29길 21 호언빌딩 2층
전화 02-455-0261, 0271   **팩스** 02-455-0278
홈페이지 www.omf.or.kr   **이메일** omfkr@omfmail.com